大学生と大学院生のための
レポート・論文の書き方
【第2版】

吉田健正●著 YOSHIDA Kensei

ナカニシヤ出版

本書の目的と内容

　大学では，高校までと違って，レポートを書く機会がぐんと増えます。この本は，大学で初めてレポートを書く学生，さらに進んで卒業論文を書く学生，そして大学院で修士論文を書く学生のために，書き方の要点をまとめたものです。学生でなくても，報告書や研究論文を書く人々にも役にたつはずです。

　レポートの書き方は，理工系と文科系では大きく違いますし，文科系のなかでもたとえば文学と政治学では異なります。本書では，政治学，社会学，歴史学，経済学など，主としていわゆる社会科学の分野でどうレポートを書くかについて述べることにします。しかし，これはレポートの「形式」を説明したマニュアルですので，大半は，基本的に，理工系以外のどの分野でも参考になると思います。

　「形式」と書きましたが，レポートの命はその内容にあります。レポートは，内容をまとめ，それを伝達する手段にすぎません。したがって，どういうテーマについて書くか，どのように調べるかについても，ふれるつもりです。当然ながら，すなわちテーマを決め，調べ，分析するのは学生自身ですから，具体的な内容にまでたちいることはできません。考え方の要点を述べるだけです。

　本書を書くにあたって参考にした本の一冊，*A Guide to Writing Sociology Papers*（3rd ed.）に，ある社会学者の次の言葉が紹介されていました。

　　　知的活動を鈍らせるおそらく最大の通念は，書くというのが創造的刺激の

もたらすアートだということでしょう。もちろん，書くものによってはアートとして分類できます。しかし，書くというアートは，配管や自動車修理が職能(trade)という意味でアートなのです。配管工や機械工は，霊感を待っていたのでは，何も達成できません。書き手も，霊感に頼ってはほとんど何も書けないでしょう(Rodney Stark, *Sociology*)。

ここでアートというのは，芸術というより技術とか技能という意味でしょう。職能が trade の正しい訳かどうかは別として，本書の基本的考え方も，基本的な技術さえ覚えれば，レポートはだれにでも書ける，ということです。「技術」ですから，文学作品を書く場合のような特別の才能は不要です。書き方，まとめ方のコツさえ分かれば，だれにでも書けます。あとは，書いてみることです。水泳と同じで，本で泳法を学ぶだけではだめです。実際に泳いでみる，実際に書いてみる，ということが大事です。そうすれば，だれでも必ず書けるようになります。本書は，そのためのガイドブックあるいはルールブックです。

本書のもとは，1989年に桜美林大学国際学部の学生のために作成した『文章表現法マニュアル』です。その後，きちんとした本にまとめたらどうかという声がありましたが，そのうちだれかが大学生向けのよい本を書いてくれるだろうと思って，待っていました。しかし，書店に並ぶのは，相変わらず，大学生に適しているとは思われない本ばかりでした。そこで，同僚で友人の高橋順一教授(文化人類学)からの勧めもあって，実際の体験をいかしながら『文章表現法マニュアル』を全面改訂しようと思いたった次第です。

筆者は，米国留学(ミズーリ大学および大学院)のときにレポートのまとめ方や研究方法について学んで以来，新聞記者や雑誌記者，カナダ大使館広報担当者として，長い間書く仕事に携わってきました。本書には，こうした経験と，桜美林大学における過去10年間の文章表現法の実践授業の体験を織り込んでいます。最近はコンピューターが普及し，インターネットも自由に利用できるようになりましたので，レポート作成にどうコンピューターを使うかについても説明しました。できるだけ具体的に，ときには重複を恐れず，だれにも分かるように書いたつもりです。前述のように，文学作品はともかく，レポートはコツさえつかめばだれにでも書ける，というのが筆者の信念です。

レポートのまとめ方に重点をおいたので，調査方法，研究方法についてはあまりスペースを割きませんでした。レポートの価値はその内容にありますから，本来は表現方法より調査方法や研究方法の方が重要です。研究方法については，ぜひ本書でも簡単にふれた社会調査などに関する本を参照して下さい。とくに大学院生には，本書の上級編ともいうべき高橋順一・渡辺文夫・大渕憲一編『人間科学研究法ハンドブック』（ナカニシヤ出版）をお勧めします。こうして方法論（メソドロジー）を学んだ結果をきちんとまとめるのに本書が少しでもお役にたつよう願っています。

1997年2月

筆者

改訂に際して

　本書は，1997年に刊行した『大学生と大学院生のためのレポート・論文の書き方』を改訂したものです。初版は多くの大学で採用していただきましたが，その後，インターネットやワープロの普及によりリサーチをおこなう環境，レポートや論文を書く状況が大きく変化しました。そこで，旧版の不備や間違いを正すとともに，こうした変容に対応することにしました。引き続きご利用いただくとともに，不備な点についてはご指摘いただければ幸いです。なお，本書に記載されているURL（uniform resource locator＝ホームページのアドレス）は，2004年1月現在のものです。

　本書の初歩編として，先日，桜美林大学の為田英一郎教授との共著『文章作法入門』（ナカニシヤ出版）も出しました。自己表現のための文章を書く心構え，就職のための小論文の書き方，授業で課されるレポートの書き方，インターネットの利用法，手紙の書き方について分りやすく説明したほか，誤字・誤用の例などを盛りこんでいます。あわせてご利用ください。

2004年2月

謝辞

　本書は、いろいろな方々の直接・間接のご協力によってできました。まず、勤務先の桜美林大学は、この本のオリジナル版ともいうべき『文章表現法マニュアル』を国際学部の学生用に発行してくれました。急ごしらえのそのマニュアルは、2度改訂され、国際学部の「文章表現法」や「論文作法」(のちに、「歴史古典講読」とともに「基礎演習」に統括された)の授業で教材として使用されました。不備を我慢しながら『マニュアル』を使い、ときには間違いを指摘して下さった国際学部の先生方と学生諸君に、お礼申しあげます。

　同僚の高橋順一さんは、本書の出版を勧め、出版社の同意をとりつけてくれただけでなく、本書の原稿を読んで訂正・助言してくれました。特に「テキスト分析」「現地(参与)調査」「統計的リサーチ」の項目については、お世話になりました。快く出版をひき受け、編集の労をとって下さったナカニシヤ出版の宍倉由高さんにも、改めてお礼を申しあげます。

　本書を書くにあたって、次の本を参考にしました。これら以外に参照した文献は、文中にかかげてあります。

　　　岩波書店辞典編集部編『岩波現代用字辞典』(第2版)岩波書店、1989年。
　　　加藤秀俊『取材学——探究の技法』中央公論社、1975年。
　　　川喜田二郎『発想法——創造性開発のために』中央公論社、1967年。
　　　小林康夫・船曳建夫編『知の技法』東京大学出版会、1994年。

斉藤　孝『増補　学術論文の技法』日本エディタースクール出版部，1988年。

J・ジバルディ，W・S・アクタート編著（原田敬一訳編）『MLA 英語論文の手引』（第 3 版）北星堂書店，1990 年（原著は，1995 年に第 4 版が出版されています。Gibaldi, Joseph. *MLA Handbook for Writers of Research Papers*. 4th ed. New York : Modern Language Association of America, 1995)。

宝月　誠・中道　實・田中　滋・中野正大『社会調査』有斐閣，1989 年。

Baker, Sheridan. *The Practical Stylist*. 2nd Canadian ed. New York : Harper & Row, 1986.

The Sociology Writing Group, University of California, Berkeley. *A Guide to Sociology Writing*. 3rd ed. New York: St. Martin's Press, 1994.

Turabian, Kate L. *A Manual for Writers of Term Papers, Theses, and Dissertations*. 6th ed., revised by John Grossman and Alice Bennett. Chicago : The University of Chicago Press, 1996.

目　　次

本書の目的と内容 …………………………………………………………1
謝　　辞 …………………………………………………………………4

1章　レポートとは …………………………………………………11
　　他の文章との違い　12
　　「アイ」のない文章　13
　　レポートの種類　16

2章　テーマ設定と調査方法 ………………………………………21
　　テーマの発見　21
　　情報収集　29
　　リサーチの方法　36
　　リサーチの倫理　46

3章　レポート・論文の構成 ………………………………………49
　　書き始める前に　49
　　文章の基本要素　51
　　レポートの構成　54
　　文章構成の例　58

4章　卒業論文と修士論文 …………………………………61
　問題設定と仮説　62
　前付け　66
　序文　68
　三つの例　72
　「科学的アプローチ」と反論　74

5章　レポート・論文の文章表現法 ……………………78
　表現　78
　論理性　81
　読みやすい文章　83

6章　レポート・論文の言葉 ……………………………85
　適切な用語　85
　表記の統一　90
　初出の固有名詞と専門用語　92
　注意すべき表現　93
　間違いやすい言葉　98

7章　原稿の書き方 ………………………………………103
　原稿用紙の使い方　103
　ワープロ原稿の書き方　107
　縦書きと横書き　110
　句読点　112
　符号　116

8章　注・注記・引用・文献一覧 ………………………122
　文献注と説明注　122
　著作権と引用の要件　125
　引用のためのヒント　130
　一次資料と二次資料　133

注記の方法　　135
　　　参考文献一覧　　143

9章　その他の注意事項 …………………………………145

索　　引 ……………………………………………………149

1章 レポートとは

　高校では，文章の種類を「レポート」「論文」「感想文」「文学的な文章」「実用的な文章」「日記」「通信文」などに分けているようです。「論文」は，学術論文，論説文，就職試験や入試における小論文をふくみ，「感想文」とは，随筆や，読書・芸術鑑賞・旅行などについての体験記や随想などを指します。また「小論文」と「感想文」をまとめて，「作文」と呼んでいます。典型的な「文学的な文章」は小説や詩ですが，（とくに文学者による）随筆や紀行文などもそのなかに加えられます。企業や役所などの文書は，「実用的な文章」の例です。

　米国の大学でもっとも広く使われている論文マニュアルである *A Manual for Writers of Term Papers, Theses, and Dissertations* は，いわゆるレポート（term paper），卒業論文・修士論文（thesis），博士論文（dissertation）を，まとめて「ペーパー」と称しています。欧米では，学会などで発表する論文も「ペーパー」と呼びます。本書でいう「レポート」は，この「ペーパー」とほぼ同じ意味だと考えて下さい。

　なお，英語でレポートを書く学生は，ぜひ上記のマニュアルか *MLA Handbook for Writers of Research Papers* を参考にしたらいいでしょう。表紙ページ，目次，ページ番号のつけ方，各種文献の注記の仕方，句読法・省略法・引用符・スペル・大文字使用など欧文独特の約束ごと，行間スペースなどについて，詳しく説明しています。日本語の論文でも，欧米文献を参照するときは，文献の注記法が役だちます。こうしたマニュアルはインターネットのウェブサ

イトにも掲載されているので，本書でも説明した方法でアクセスしてみることをお勧めします。

他の文章との違い

高校のレポート　これらの文章のうち，本書で扱うのは「レポート」と「学術論文」です。高校の「レポート」は，科学実験に関するものや，ときには初歩的な社会調査にもとづくものがありますが，どちらかといえば学習したことをまとめるタイプのものが多いようです。なかには，「感想文」とほとんど変わらないものもあります。

大学におけるレポート，あるいは研究レポートは，高校の学習レポートとどう違うのでしょうか。また，学術論文とはどういうものでしょうか。それを説明する前に，研究レポートと随筆，感想文，評論文，小論文との違いを説明しておきましょう。その違いがよく分からないため，研究レポートそのものにとまどっている学生が多いからです。

随筆との違い　研究レポートは，明らかに随筆とは異なります。「つれづれなるままに，日ぐらし硯に向かひて，心にうつりゆくよしなし事を，そこはかとなく書きつく（る）」（吉田兼好『徒然草』）というのが随筆です。個人的な印象，体験，人生観などをまとめた文章で，書く人の個性あるいはもち味がにじみでているのがすぐれたものとされています。したがって，随筆はきわめて個人的な文章ということになります。「心にうつりゆくよしなし事を，そこはかとなく」書くわけですから，とくに発表を意図して書かれるわけではありません。もし雑誌などに発表されたら，読む側はコーヒーでも読みながら，くつろいで著者の感動や観察や人生観を味わったらいいでしょう。

感想文や評論文との違い　レポートはまた，感想文とか評論文とも違います。感想文とは，その名のごとく，何かに対する感想をつづったものです。私たちは，小・中学校時代に，遠足，運動会，本，友だちなどについて作文を書きますが，その多くは感想文と言っていいでしょう。新聞などの「読者からの手紙」の大半も，社会の出来事に関する感想文です。

あることがらについて，自分の意見や主張を加えてより論理的に書いたのが，評論文です。たとえば，「……について，もっと議論すべきである」「……を期

待する(したい)」「……と思う」「……は評価できる」「疑問を覚える」「感動を受けた」「……ではないだろうか」「今後の動向が注目される」「反省を求めたい」などの表現の入った文章は，まず評論文とみて間違いありません。

　感想文は個人の感情や考え，評論文は個人またはグループ(たとえば特定の新聞社や雑誌社，政党など)の意見や主観を述べたもの，と言っていいでしょう。したがって，随筆，感想文，評論文は，いずれも，"I"または"we"のある主観的な文章，と言い換えてもいいと思います。

　「小論文」との違い　　大学入試や入社試験で「小論文」を求められることがありますが，試験会場で，しかもきわめて限られた時間内に，客観性のある事実や論理にもとづく文章を書くのは至難のわざです。こういう「小論文」でも，書き手の思考力を試すため，理路整然とした，いわば論理的な文章が求められることもあります。しかし，ほとんどの場合，求められているのは「高校生活で得たもの」「記憶に残る本」「希望」「21世紀の日本」といった題の，「ものの考え方」や「人生観」や「適性」を問う感想文または作文です。

「アイ」のない文章

　それに対して，研究レポートは，"I"や"we"の感想や意見を述べたものではありません。また，読む人の心に訴えて，その人の共感を求めるものでもありません。レポートは，感情ではなく，理性に訴える文章です。個人的な感想や意見ではなく，客観性のある事実や論理によって，事実を明らかにし，あるいは疑問に答えようというのが研究レポートです。レポートは，可能なかぎり確実で客観的な資料，聞き書きやアンケート，綿密な観察などにもとづいて，できるだけ主観をまじえないで書くものです。「アイ("I")のない」文章と言ってもいいでしょう。個人的な感情を排除する，読む人の情感に訴えない，という意味では「アイ(愛)のない」文章とも言えます。

　「客観的」の意味　　辞書によれば，「客観的」とは「ひとりよがりの考えでなく，だれが考えても納得できるようす」を意味します(『学研国語大辞典』)。客観的というのは，単に叙述に筆者の主観や判断を入れないという意味ではありません。できるだけ客観的方法によって情報を得，できるだけその情報(データ)に即して解釈あるいは分析する，ということでもあります。自分の好みに合

う情報だけを選び，自分の好みに応じて解釈しては，客観的なレポートとは言えません。

あとで述べる KJ 法を開発した川喜田二郎などは，「(多くの科学者は)叙述だけが客観的だから科学的であり，解釈などは主観的だから非科学的であり有害なものだと思いちがいをしている……。しかし，悪くて有害なのは解釈そのものではないのだ。その解釈がデータの公明な叙述に基づいて行われたかということこそ，有害な解釈か否かを決するのである。……大切なのは，その解釈が正しいかどうかではない。その根拠が正直にデータに根ざした発想か否かである」と述べているほどです。現地調査の場合には，とりわけ公明なデータとそれにもとづく解釈および叙述が要求されます。

調べて書く　　いわゆる小論文や感想文は，自分の思いや知見を書くだけでしたら，とくに改めて何かを調べる必要はありません。学生のなかには，研究レポートも同じように考えて，授業で聞いたり，新聞などで読んだりしたことを，そのままレポートにまとめる人がいます。しかし，それでは研究レポートになりません。研究レポートでは，あるテーマについて，何冊かの本を読み，事実関係を調べ，検討し，ときには実際に人から話を聞いたり現地を訪れて観察し，集めた資料(データ)を分析して，できるだけ客観的に論じます。もちろん，世のなかの一般常識や誰かの本の内容をそのまままとめても，レポートにはなりません。自分で調べて書く，というのが重要です。

当然ながら，試験会場で書くような小論文や感想文と異なり，研究レポートは 30 分とか 1 時間で書きあげられるものではありません。テーマを考えついてから資料収集にとりかかり，検討・分析を加えて書きあげるまでに最低 1 週間，ときには 1 年あるいは数年を要することさえあります。できるだけ事実関係がはっきりし，論旨がかみあうように，何度も書き直す場合もあります。

コミュニケーションの手段　　レポートは，ちょうど数学や科学や地図の符号と同じように，書く人と読む人，また読む人同士で，共通に理解される必要があります。レポートが，読む人次第でさまざまな受けとり方があってよい(むしろそれが奨励される)随筆や感想文ともっとも違うのは，この点です。研究レポートがより説得力をもち，真実の探求に貢献するためには，A という内容が A として理解される必要があるのです。社会科学は人間や人間の行動を対象に

する学問ですから，数学や化学のようにはいきませんが，できるだけ理解を共有できるようにすることが大事です。

そもそも「コミュニケーション」とは，ラテン語の「コンムニス」，すなわち「共通の」という語源から派生して，情報や意見や思想を「共有する」という意味をもつようになった言葉だそうです。誤解や勝手な解釈をまねきかねない感情や偏見という障害物をできるだけ排除して内容を伝える，というのがレポートの趣旨です。随筆や感想文と違って，心のコミュニケーションではなく，情報や知識の伝達を図るのがレポートの目的ですから，客観性が要求されるのです。読む人によって異なる解釈ができたり，「言っていることは分かるが，あまりに一方的(あるいは一面的)だな」と思われるようなレポートは，客観性に欠けている，と考えていいでしょう。

表現技巧　明快に表現し，明快に伝えるというのがレポートの趣旨ですから，いわゆる「美文」を書く必要はありません。文学的な表現や比喩的な表現はできるだけ避けるべきです。修飾句もそうです。情報や知識の正確な伝達を妨げるおそれがあるからです。たとえば，「寸分の狂いもない」「世界中の関心を集めた」「とてもすばらしい」というような表現は，レポートの表現としては正確さに欠けると言えます。「寸分」「世界中」「とても」といった言葉には，誇張や脚色があるからです。

レポートといえども，すべての修辞法(レトリック)を否定すべきではありません。実際，米国の政治評論家で『世論』や『共和政』の著者ウォルター・リップマンなどは，レトリックをうまく使いながら論理的な議論を展開しています。巧みに議論を展開するには，強調や設疑(疑問の形をとって問いかける)などの技法，文の効果的な配置なども必要でしょう。また，文の長さや文末の表現(「だ」や「である」だけで終わると単調になる)に工夫するのも大事です。

しかし，心理的効果をねらった表現技巧にこだわって，内容がおろそかになっては困ります。論理を重視するレポートは，ある程度，無味乾燥な表現でもかまいません。

読者の存在　レポートには常に読者が存在します。企業なら所属部署の上司，大学なら担当教員だけ，あるいは部署やクラスの全員かもしれません。本や雑誌に発表される場合は，当然，読者は増えます。いずれにせよ，レポート

はだれかに読まれるために書かれるのです。

したがって，それなりの体裁を整え（たとえば所定の場所に表題，所属名，氏名を書く），意図している読者に「コミュニケート」できるように書く必要があります。

読者の存在を意識すれば，相手に分かるような文章を書くでしょうし，相手の理解度に応じた用語や図表を使うことになるでしょう。もちろん読者でない小学生や中学生に分かるように書く必要はありませんが，担当教員やできれば他の学生にも理解できる表現にすべきです。

読者の存在を意識するというのは，また，できるだけ誤字や脱字をなくし，推敲した文章を提出するということでもあります。芯の固い，うすい鉛筆（"H"など）で書いたり，走り書きした文章も，読者に敬意をはらっていない，と言えます。修正液で文字を消して書き直した場合，かすれて読めないことがあります。そういうことがないようにする気配りも必要です。

もちろん，内容も，読者（担当教員，上司，同僚，他の学生や研究者など）が期待し，あるいは要求するレベルのものになるよう，努力する必要があります。

レポートの種類

レポートといっても，本の内容を要約したり感想をまとめる読書レポート，与えられたテーマについて読んだり調べたりしたことをまとめる学習レポート，聞き書きやアンケートの結果，あるいは事実関係や観察結果をまとめた調査レポート，文献や調査結果などの資料を駆使し，自らの分析を加えた研究レポート，などがあります。

1．読書レポート：　まず読書レポート（ブックレポート）ですが，これは本の内容を要約し，ときには感想を述べたものです。担当教員によって，特定の本を読ませるか，学生に自由に選ばせるか，授業内容とどう関連させるか，どういう目的で読ませるのか，要約にとどめるか，要約ではなく要点を箇条書きさせるか，感想や批判を加えさせるか，どのぐらいの長さにするか，目的や要求はまちまちでしょう。多人数授業，10人程度の小クラス，4年生のゼミ，あるいは大学院生のゼミかどうかによっても，課題や要求は異なるはずです。

しかし，一般的に言えるのは，まだ専門書を読み比べるほどの力がついてい

ない新入生の場合は，まず一冊一冊の本の内容を理解して，それを要約するのがいいでしょう。あとで述べるように，「書評」を書くときは別ですが，この時点では私的な感想は避けた方がよいのかもしれません。少なくとも，小学校や中学校のときと違って，とくに「感動した」「いろいろ勉強になった」といった類の読後感を書く必要はありません。まず本を読む，そしてその内容（ときには本の一部）を，たとえば400字原稿用紙2～5枚程度にまとめるのです。一冊の本を読んで，その内容を要約するのですから，かなり勉強になるはずです。

読書レポートは簡単か　　多くの学生にとって，読書レポートは他のレポートとずいぶん違うようです。大半の学生が，わりと簡単に読書レポートをまとめるのに，何かのテーマについて書かされると四苦八苦するのです。教員の立場からすると，何度読書レポートを書かせても，あまり調査レポートや研究レポートの「書き方」の練習にはならない，ということになります。

読書レポートが比較的に書きやすいと思われるのは，おそらく自分でテーマを探す必要も，自らの調査や研究にしたがって論述する必要もないからでしょう。あるいは，文章化の問題があるかもしれません。調査レポートや研究レポートの場合，自分で言葉を見つけ，論点を探り，それを論議していかなければなりません。その点，読書レポートの場合は，すでに書かれた本があるので，改めて自分で表現や論理展開の工夫をしなくてもすむ，と思われているのでしょうか。

事実，読書レポートを書かせると，必ずと言っていいほど，本の一部をそのまま書き写してくる学生がいます。部分部分をつなぎあわせて，ひとつのレポートにまとめる器用（？）な学生もいます。著者の重要な言葉や説などを引用するのはやむをえませんが，たとえば1ページ分そっくりコピーするのは明らかにやり過ぎです。

借り物の言葉と文章　　しかし，そっくりコピーしたとまでは言わなくても，多くの読書レポートは本そのものと文体も表現もよく似ています。つまり，学生は著者の言葉や論理に強い影響を受けて，内容を十分理解することなく，思わず借り物の言葉や文章でレポートを書いてしまうのでしょう。調査レポートや研究レポートの苦手な学生が，比較的容易に読書レポートが書ける最大の理由は，そこにありそうです。読書レポートの習練が，研究レポートの書き方に

あまり役にたたない原因も，そこにありそうです。

引用　ここで問題になるのは，読書レポートにしても，調査レポートや研究レポートにしても，どこまで引用が許されるかという点です。引用については，改めて説明しますが，読書レポートの場合，学生本人が理解したとおりに書くべきであって，著者の表現や文章をそのままひき写したのではレポートの意味がなくなります。調査レポートや研究レポートの場合も，学生自身の主体的なレポートであって，他の研究者の知識や考えのコピーではないことを，明確に意識すべきです。他の研究者の知識や考え方を参照するにしても（先人の業績を参考にしない調査や研究というのは，ほとんどありえません），引用したり参照したりする部分がレポートの主要部分になるのでは困ります。

レジュメ　ブックレポートを書くにせよ，内容を口頭で発表するにせよ，骨子（要点）を箇条書きしておくと便利です。レジュメとは「要約」とか「梗概」のことです。しかし，必ずしもきちんとした文章にするのではなく，読んだ部分の骨組みを鍵となる言葉（キーワード，キーコンセプト）で簡単に組み立てておくだけ，というのもレジュメです。たとえば本の目次は，その本の大まかなレジュメと言えるでしょう。このようなレジュメをつくっておけば，それにしたがって容易にレポートをまとめ，あるいは口頭発表をすることができます。

自分の言葉で要約　本来，著者の言葉や文章ををそのまま引用したり借用するのではなく，学生自身が理解したことを，自分の文章で要約する，というのが読書レポートのはずです。その原則にもとづいて，他のレポートと同じように，あとで説明する要旨・説明・結論という形式にしたがって書けば，本の内容をより深く理解できるだけでなく，他のレポートを書くのにも役だてることができるはずです。

パラフレーズ　読書レポートでは，どこが著者の考えで，どこがあなた自身の解釈あるいはコメントなのかを，はっきりさせなければなりません。内容を紹介するときは，直接引用を最小限度にとどめ，できるだけあなた自身の言葉に言い換える（パラフレーズ）ようにします。もちろん言い換える場合も，「ウェーバーによれば……」「著者によれば……」「……，とパーキンソンは述べている」のように，著者の考えであることを明確にします。

クリティカル・リーディング　上級生や大学院生の場合は，とくに論文を

書くのに必要な本や論文であれば，批判的に読むことが重要になります。つまりクリティカル・リーディングです。「注」や「参考文献」もおろそかにすべきではありません。できるだけ要点や注意事項を本文のわきやノートに書きながら，同時に著者と「対話」しつつ（つまり問題意識をもちながら）読み進むことが求められます。また，「あとがき」や「解説」などで，著者や本（論文）の重要性について調べるのも大事です。

　こうした場合のブック・レポートでは，著書や論文の内容を正しく理解してそれを要約したうえ，特定の概念や考え方，著者の論理（ロジック）や分析方法や結論を分析し，それについてあなたの評価をくだします。

　書評　　新聞や雑誌，紀要などには書評（ブックレビュー）というのがありますが，それはクリティカル・リーディングの高度なもの，と考えたらいいでしょう。なかには読書感想文のようなエッセイ風の書評もありますが，特定の分野の専門家が，その批評眼をもって他の読者のために本に評価をくだすのが本当の書評と言えるでしょう。学生の場合も，クリティカル・リーディングにもとづいて，本の内容を紹介するだけでなく，それに対する評価も加えるべきでしょう。

　2．学習レポート：　学習レポートというのは，読書などを通じて自分なりに学んだことをまとめたもの，という意味です。高校までのレポートの大半は学習レポートです。研究レポートは，自分なりにデータを集めて分析した結果を報告するものですが，学習レポートはまだ分析までいたらない段階の報告，と考えていいでしょう。学生に研究レポートを求めても，単なる学習レポートを提出する者もいれば，学習レポートを課題にだすとすぐれた研究レポートにまとめてくる者もいます。

　3．調査レポート：　他人の書いた本や論文を何冊かあるいは何本か読んでまとめたり，ときには授業内容などをまとめた学習レポートと異なり，特定の課題について自ら聞き書きやアンケートをおこない，あるいは事実関係を調べて分析した結果を記述したのが調査レポートです。すでに知られていることがらについて勉強した結果をまとめたのが学習レポート，事実を発掘したり，すでに知られていることがらから新しい事実を発見し，それにある程度の分析を加えて説明したのが調査レポート，と言ってもいいでしょう。企業などの，単

に事実についての報告にとどまらない調査報告書なども，それにあたります。

4．研究レポート： 調査レポートをさらに発展させたのが研究レポートです。すぐれた調査レポートは，すでに研究レポートになっているかもしれません。その意味で，ふたつは同義語と考えてよいでしょう。研究レポートの特徴は，さまざまな資料を調べ，ときにはアンケート調査や実験をおこない，その結果を分析・考察して，独自の結論を導きだし，それをまとめるということにあります。

リサーチ　英語の research は，re（再び）と search（探求）を組み合わせた言葉で，「（用意周到な）探索，捜索，探求，調査」「（新事実発見・理論の確立・修正などのための学術的な）研究，調査，探求」（『研究社新大英和辞典』）という意味ですが，まさにそういうリサーチにもとづいて書いたのが研究レポート（research paper）です。客観的な資料，周到におこなわれた調査，自分なりの分析・考察などにもとづかない，事実や感想を述べただけのレポートは，研究レポートとは言えません。米国の大学でいう学期末論文（term paper）も，大学生の卒業論文，大学院生の修士論文や博士論文，研究者が大学や学会などの紀要（研究誌）に発表する研究論文なども，研究レポートです。

2章 テーマ設定と調査方法

　大学で要求されるレポートがどういうものか，だいたい分かったと思います。それでは，実際にどのようにしてレポート作成にとりかかるか，について説明しましょう。

テーマの発見

　テーマを見つける　　レポートは，まず，担当教員が課題として要求するところから始まります。教員が特定のテーマを与える場合と，学生が自由にテーマを考える場合があります。教員がテーマを与える場合でも，たとえば「マスメディアにおける女性差別表現」とか「景気変動の要因」といった具体的なものであったり，もっと一般的なものであったりします。一般的なテーマがたとえば「アメリカの大統領制」であれば「大統領の外交権限」や「大統領の国家元首的役割」「大統領の戦争権限」など，「A商店街とB商店街の比較」であれば「配置の比較」「通行人数の比較」「店舗の種類の比較」「売上げの比較」「BGMの比較」など，具体的なテーマは学生自身が考えることになります。

　テーマを決めるというのは，「問題意識」をもつということにほかなりません。自分が探ろうとしている問題が分かれば，テーマが決まります。テーマが決まれば，レポートをまとめる作業の最大の難関を突破したことになります。テーマを決めるというのは，それほど重要です。したがって，よく考えて，慎重に決める必要があります。

テーマの明瞭化　　それでは，漠然とした関心を，どのように研究テーマとして明瞭化あるいは限定していけばいいでしょうか。

テーマを決めるには，まず，課題の意味を理解することが大切です。読書レポートなら，要約するのみなのか，感想を加えるのか，本の内容を批判・分析するのか，といった点を考える必要があります。

調査（研究）レポートなら，何についてのレポートなのか，あることがらを描写・説明するだけなのか，観察内容を報告するのか，事実関係を調べて分析するのか，といった点を把握しておきます。

次に，上述のように，問題意識をもつことです。何ごとも，無から有を生じることはありません。受動的に授業を受け，何となく本や新聞を読んでいたのでは，テーマはなかなか見つかりません。さまざまなことがらに好奇心や疑問をいだき，問題意識をもつことが，テーマを見つける第一歩です。

問題意識は，授業，読書，観察，教員や学生仲間との討論，マスメディア，あるいは日常生活のなかから生まれます。なかでも，社会科学系の学生にとって重要なのは，読書です。幅広い読書を通じて知識と考える力を身につけ，そこから自分がもっとも関心のあることがらを見つけます。

リサーチのための読書は，次のようにだんだんマトをしぼっていく方法がいいでしょう。

一般的読書　　これは，幅広い知識を得るための読書です。社会科学系の本だけでなく，雑誌や新聞の記事，小説，哲学書……と，あらゆる種類の読書がそのなかに入ります。とはいえ，限られた時間内でリサーチをやるわけですから，あまり幅を広げすぎると頭の整理ができません。したがって，特定の分野（たとえば文化人類学，あるいはそのなかのアメリカ先住民の歴史や生活に関する本）およびその周辺部分にしぼって読む方がいいでしょう。

この段階では，とくにある部分を繰り返し読んだり，ノートをとったりする必要はありません。ノートをとると，それに気をとられて，限られた時間内で多くの本を読むことが不可能になるからです。ただし，印象に残った本や資料については書誌情報（著者名，著書名，発行所名，発行年など）をどこかに記録しておくと，あとで役にたちます。

一般的読書では，できるだけ多く読むことが大切です。したがって，ときに

は重要な部分だけを丁寧に読むという「斜め読み」も必要です。

課題的読書　教科書や授業で指定されたその他の本，テーマを探すため，あるいはある程度問題意識をもって読む本です。一般的な読書より，かなり範囲が限定されます。自分の本であれば，重要と思われる箇所に傍線を引いたり，キーワードに印をつけたり，あるいは空白部に自分なりのコメントを書きこんだりしておくと，印象に残りますし，あとで再読するときに参考になります。借りた本であれば，ノートやカードに書き写しておくとよいでしょう。書誌情報は記録しておきます。

基本文献　研究テーマが決まったら，それに関連した本や資料を丹念に読み，重要な概念や事実を理解するようにします。必要に応じて，一冊の本あるいは一本の論文や資料を丸ごと熟読したり，あるいは一部を熟読したりします。いずれの場合も，自分のリサーチに必要だと思われる概念や情報は，ノートブック，カード，コンピューターなどに書きこんでおきます。書き写した部分については，それぞれ書誌情報をメモしておきます。

多くの研究テーマには，絶対に不可欠の文献があります。たとえばテーマが第二次大戦後の米国の対ソ外交であればジョージ・ケナンの著作，明治・大正時代の日本人の生活については柳田国男『明治大正史・世相扁』，プロパガンダについてはヒトラーの『わが闘争』，合衆国憲法については『フェデラリスト・ペーパーズ』……といったものがそれに相当するでしょう。基本文献を読めば，特定の分野について基本的な知識だけでなく，多くのヒントが得られます。とくに卒業論文や修士論文を書く場合には，できるだけ早い時期に，自分のテーマに関する基本文献を探しあてることをお勧めします。

拾い読み　自らの研究テーマについてある程度基礎的な知識や情報を得たら，すべての本や資料を端から端まで読む必要はありません。時間を有効に使うためには，拾い読みという手があります。たとえば，本の索引で重要箇所を探しだして読むとか，論文をばらばらめくって必要な部分を読む，資料の一部だけを読む，という方法です。この方法を利用すれば，数多くの資料にあたることができます。すでに一般的読書や課題的読書で印象に残った本や資料も，この方法で必要部分を読み返したらいいでしょう。

もちろん，一部を読むといっても，前後関係（文脈）を無視しないよう，気を

つけます。カードなどに書き写したり，パラフレーズした部分については，書誌情報も忘れないようにして下さい。

焦点　さて，読書，授業，観察，考察，討論などによって，「なぜそうなっているのだろうか」「どうしてそうなのだろうか」「どういう因果関係があるのだろうか」——といった疑問がわいてくれば，しめたものです。これが問題意識と呼ばれるものだからです。

テーマ探しは，ある物体や人物にカメラを向けることに似ています。私たちは，興味深いもの（問題）があればレンズ（関心）を向けますが，正しい方向に向ける，そしてきちんと焦点を合わせる，ということが大事です。興味の対象があやふやであったり，特定の被写体を選んだ理由が不明であったり，焦点がぼけていては，いい写真は撮れません。何を写した写真なのか分からないときさえあります。それと同じように，テーマは明確に，そして焦点をしぼって定めることが肝心です。

たとえば「マスメディアにおける性差別」に興味をもっていたとしましょう。それだけでは，漠然としすぎています。しかし，最終的に，「○紙における『世帯主』の扱い（1996年9月の紙面から）」「X局とY局の報道番組における女性キャスターの役割比較」といった研究テーマになれば，焦点が定まったといえるでしょう。

テーマについて考える場合，ブレーンストーミングやKJ法などが役だつでしょう。ブレーンストーミングやKJ法は，主としてチームのメンバーが既成概念にとらわれないで，思いつくまま言葉やアイデアを書き連ね，興味深いアイデアを探りだしたり，関連づけたりする発想法ですが，個人でも可能です。あることがら，およびそれに関連したことがらについて，自分の好みと無関係に，知っていること，思いつくことをすべてカードなどに書き，それをあとで整理してみるのです。KJ法では，考案者の川喜田二郎の言葉を借りますと，「自分が問題だと『感じて』いることに，『関係のありそうな』ことがらを全部列挙してみる……。それらの諸要素は互いにどういう関係にあるかを表現してみる」ようにします。

参考図書（レファレンス・ブックス）　テーマを考える際，参考図書も大いに役だちます。ここで参考図書というのは，受験勉強のときの参考書のことで

はありません。どこの大学図書館にも，各種の辞典や辞書，年鑑，百科事典，文献（図書）目録を揃えた帯出（持ち出し）禁止図書コーナーがあります。これらが参考図書と言われるものです。とくに『国立国会図書館所蔵逐次刊行物図録』，『雑誌記事索引』，『日本件名図書目録』，『大宅壮一文庫雑誌記事索引総目録』，*Readers' Guide to Periodical Literature, New York Times Index*，分野別の文献目録などの文献目録や索引目録（インデックス）は，研究テーマを見つけるのに便利です。参考図書は，何かについててっとり早く調べたり，本格的調査にとりかかる前の初期調査をおこなうのにも便利です。実際に図書館で文献目録や索引目録に目をとおしてみて下さい。

　百科事典などの CD-ROM，電子図書館などキーワードで情報を検索できるウェブサイトは，コンピューター時代の参考図書として利用できます。

　文献（図書）目録　　文献（図書）目録は，図2-1が示すように，単にある問題領域についてどのような本や論文が書かれたかを教えてくれるだけでなく，テーマについてもヒントを与えてくれるでしょう。たとえば，日米関係に関心をもっているとしたら，文献目録を調べていくうちに，日米関係の歴史・首脳外交・貿易摩擦・安全保障問題……といった大きなカテゴリー，ペリー来訪，初期の宣教活動，ケネディ大統領の対沖縄政策，米国の対日貿易赤字と日米自動車摩擦……といったより小さいカテゴリーについての文献があることを知り，そのうちのどれかに探究心を刺激されるかもしれません。自分なりの疑問（なぜ，どうして）を見つける，あるいは想定することができれば，これがいわば仮の研究テーマになります。

　「仮」というのは，研究する価値のないテーマ，研究不可能なテーマ，すでに研究しつくされたテーマ，定められた期間と枚数には大きすぎるテーマ，なのかもしれないからです。そこで，次にあげる「テーマの条件」に照らして適切かどうかを決め（自分で考え，本を読み，あるいは担当教員に相談して判断します），実際のテーマを設定します。もちろん，このテーマも，資料の入手が困難であったり，研究に不適切であったりすることが分かって，研究の途中で他のテーマに変更したり，テーマを縮小したり拡大したりするかもしれません。

　これまでの作業は，テーマを見つけ，確定するための事前調査（preliminary research）ということになります。この段階をふまないで，いきなりテーマを設

①
人種差別
－黒人問題のもとをも見よ
◇アメリカ強制収容所－戦争と日系人　小平尚道著　町田　玉川大学出版部　1980.10　205p 19cm〈玉川選書　130〉[950円]
◇アメリカ圏の黒人奴隷－比較文化史的試み　フランク・タネンバウム著，小山起功訳　東京　彩光社　1980.10　199p 20cm〈巻末：参考文献　原書名：Slave and citizen：the Negro in the Americas, 1947　解説：小山起功〉[1800円]
◇アメリカの強制収容所－戦時下日系人の悲劇　新版　A.ボズワース著，森田幸夫訳　東京　新泉社　1983.5　358p 19cm〈巻末：強制立ちのきと戦時転住局計画に関する年表　原書名：America's concentration camps, c1967〉[2000円]

②
ジャーナリズム
1991年中国のマスコミ事情－－香港返還，対学生，少数民族工作など　　人723720
香原　勝文：日本大学芸術学部紀要　21〔'91.3〕　p 8～20
CIS情報の発信源インタファクスの研究　　人723721
小林　道春：潮　398〔'92.5〕　p124～131
「朝日ジャーナル」休刊の意味するもの　　人723722
（マスコミ批評　週刊誌）
茶本　繁正：文化評論　378〔'92.7〕　p188～191
アメリカ・ジャーナリズム史研究の現状と課題　　人723723
大井　真二：政経研究（日本大学法学会）28（1）〔'91.7〕　p255～270

③

04-011				
朝鮮と日本				
04-011-001				
朝鮮と日本一般				
0001	時評　朝鮮不穏の風説	p.9	日本及日本人	1890.2.18
0002	日本の朝鮮政略	p.3	日本及日本人	1890.11.25
0003	朝鮮に対する日本及露西亜の聯合保護 有賀雄訳（エンケラルド）	p.45	外交時報	1898.5
0004	満韓の経営（建部遯吾）	p.10	日本及日本人	1904.6.20
0005	對韓政策の根本義（島田三郎）	p.10	日本及日本人	1904.8.5
0006	韓国荒蕪地開墾問題（松宮春一郎）	p.29	外交時報	1904.8.20
0007	對韓経営の序幕（松宮春一郎）	p.20	外交時報	1904.9.20

④

欧州連合条約
国民投票再実施か　来年の上半期にも　　一一五三九
デンマーク首相示唆、　　三五〇一
欧州連合条約、伊上院、批准を可決　　一一〇三
欧州連合条約　追加条項要求の意向　　一一五三四
デンマーク首相表明、再び国民投票へ　　一一五三四
独、来月8日に批准法案提出　　一一五三八
スペイン、批准審議、来月1日から　　一一五三九
開始

図書目録　あることについて調べる場合，まず参照すべきものが図書目録です。
①たとえば『日本件名図書目録』（日外アソシエーツ，1985）で「人種差別」の項目を引くと，人種差別に関する最近の出版物が五十音順に記載されています。「人種差別」の次には，「人種差別（アフリカ）」「人種差別（アメリカ合衆国）」「人種差別（南アフリカ共和国）」「人種問題」という項目があり，また「→黒人問題のもとをも見よ」という指示もあるので，芋蔓式に調べることができます。
②③論文や雑誌記事については，国立国会図書館発行の『雑誌記事索引』や財団法人大宅壮一文庫発行の『雑誌記事索引総目録』がいいでしょう。『雑誌記事索引』は主題分野で検索する本編，著作記事で検索する著者検索，個人の伝記や団体の歴史に関して検索する件名索引などからなっています。『雑誌記事索引（人文・社会編）』で「ジャーナリズム」の項目を見ると，最近の論文や研究報告が著者，誌名，巻・刊行年月，文献番号とともに記載されているのが分かります。また『雑誌記事索引総目録』で「朝鮮と日本一般」の項目を引くと，大宅壮一文庫の記事コードとともに，記事タイトル，誌名，発行年月，ページが分かる仕組みになっています。
④もっと時事的なことについて調べたい場合は，新聞の縮刷版の索引が役に立ちます。たとえば『朝日新聞』の1992年の9月の縮刷版で「ヨーロッパ」の項目を見ると，欧州連合条約について上記のような記事が報道されたことが分かります。古い出来事を調べる場合も便利です。

図 2-1　図書目録

定しようとして暗中模索する学生がいますが，それこそ暗闇のなかで捜しものをするようなものです。

　主な文献目録　　主な文献目録には，上記のほかに，次のようなものがあります。

　日本図書協会・日本の参考図書編集委員会編『日本の参考図書　解説総覧』
　　（日本図書館協会）
　日外アソシエーツ編集部編『年刊参考図書解説目録』（日外アソシエーツ）
　出版年鑑編集部編『辞典・事典総合目録』（出版ニュース社）
　ブックページ刊行会編『本の年鑑』（ブックページ刊行会）
　国立国会図書館編『国立国会図書館蔵書目録』（国立国会図書館）
　メディア・リサーチ・センター編『雑誌新聞総カタログ』（メディア・リサーチ・センター）

　そのほか，分野別に，『日本政治学文献目録』『文化人類学事典』『社会学辞典』といったものもあります。このような分野ごとの目録も，上記の総合的な文献目録に載っています。

　他の研究レポートを読む　　テーマ探しに困ったときに大いに参考になるのは，同輩・先輩の研究レポートや論文です。他人の研究レポートや論文は，テーマだけでなく，文献の探し方，レポートの形式，文章の書き方，立証の仕方，引用の仕方，参考文献の並べ方などについても，多くのヒントを与えてくれるはずです。たとえば桜美林大学国際学部では，桜美林大学国際学会が毎年，主な卒業論文を掲載した『年報』を発行しています。1995年度の『年報』の目次を見ると，「"母親だけが存在する"社会，"両親が存在しない"社会──日本とアメリカにおける人格形成の比較」「広告から見た日本人の西欧的志向」「日本に於けるアジア人留学生受け入れの現状と諸問題」「地域社会の環境教育的機能──松本・安曇野地区を事例にして」「マグリットの絵画作品に見る記号からの脱却の試み」「インドネシアの工業化と人的資源開発」「『南京大虐殺』論争に見る問題点と解決策」「脳死・臓器移植──日米医療比較によってみえるもの」「日中留学交流の現状と課題」といった論文が並んでいます。

　さらに進んで，その道の研究者の論文や著作にも目をとおしたらいいでしょう。そこに載っている文献一覧も大いに参考になるはずです。

だれかに相談する　選んだテーマが適切かどうか，研究可能なテーマかどうか，について自信がなければ，担当教員や専門分野の教員に相談したらいいでしょう。もちろん，自らは何も考えないで，教員にまかせる，というのは困ります。まず自分で何らかのテーマを考え，それについて意見を求めるという態度が必要です。また，たとえば野村雅一『身ぶりとしぐさの人類学』(中公新書)には，こういうものでも研究テーマになるのか，といった例が数多く紹介されています。

テーマの条件　テーマは，研究レポートに適したものでなければなりません。そのためには，次のような条件を満たす必要があります。

①テーマは実証できるか(たとえば「神は存在するか」)
②必要な資料は存在するか(「コロンブス以前のアメリカ先住民の言語生活」)
③答えがすでにでていないか(たとえば「赤い羽根募金は社会福祉に役だっているか」は，「役だっている」ことがはっきりしていますので，研究テーマとしては不適切です。「どの程度……役だっているか」「どのように役だっているか」だと，研究対象になりえます。)
④テーマは大きすぎないか(「地球環境問題」)
⑤テーマは抽象的すぎないか(「人間とは何か」)
⑥テーマは流動的でないか(「政治改革の現状」)
⑦予測可能か(「ヨーロッパ共同体の将来」)

いくら面白そうなテーマでも，このような条件が満たされなければ，研究は困難あるいは不可能です。テーマには，文献や観察や実験などによって客観的に調査し，分析し，何らかの結論がだせるような，ある特定の問題やことがらを選ぶべきです。つまり，客観的に論じることのできるテーマを選ぶ必要があります。

テーマ設定の例　学生にとっては大きすぎるテーマですが，江藤淳がどのようにして第二次大戦後の日本における占領軍の検閲というテーマを設定したかを見てみましょう(江藤淳『閉ざされた言語空間——占領軍の検閲と戦後日本』)。自ら占領期を生き，また評論家として憲法や戦後日本に大きな関心を寄せていた江藤は，ある連載文芸時評を通じて，「占領軍がおこなった検閲の実体を見定めたい」という気持ちにかられます。江藤は，占領軍の検閲によって，

「日本人の心の内と外でいったいなにが起こったのか」という疑問に行きあたって，それを解明したいと思ったのです。これが，先ほど述べた問題意識です。江藤の場合は，米軍の日本占領についてすでに強い関心をいだいていたので，テーマを見つけるための事前調査は必要ありませんでした。

この問題意識にもとづいて，江藤は，当時の検閲を扱った文献を調べます。実際にテーマにとりくむ前に，文献にあたるという事前調査をおこなったわけです。書籍はたった2点，論文は1点しかなく，レファレンス・ブックの『日本近代文学大事典』にもあまりふれられていませんでした。

事前調査によって自らの疑問が解けないということが分かった江藤は，「米占領軍当局がおこなった検閲については，一次資料に即して，自分の手で解明を試みるほかに手だてがない」という結論に達します。最初の問題意識によって仮の研究テーマを設定していた江藤は，ここで研究テーマを再確認したことになります。

江藤は，すでに多くの資料の所在を確認していましたが，さらに米国の大学図書館から重要な資料について情報を得ます。この作業によって，研究の可能性が確認されたわけです。

学生の場合，江藤のような予備知識や問題意識をもち，しかも9か月も外国で研究生活をおくるというのは難しいでしょう。しかし，読書→好奇心・関心→問題意識→仮テーマの設定→予備調査（資料の所在の確認を含む）→本テーマの設定→本調査という段どりは，基本的に同じです。

情報収集

資料の集め方　　適切なテーマが見つかったら，次は，どのようにアプローチしたらよいのかを考えていきます。そして，テーマに関連した資料を集め，さまざまな角度から検討を加え，その結果を，可能なかぎり論理的に文章化するのです。

加藤秀俊は，『取材学――探求の技法』（中央公論社，1975年）という本で，ジャーナリストや学者にとって「仕入れてくる情報の種類と質」がいかに重要であるか，を強調しています。ジャーナリストや学者にとって情報を集めるのは，板前が魚という料理の素材を集め，大工が建物の材料を集めるのと同じだ，と

言うのです。もちろん，学生にとっても同様です。

　加藤は，「学生の勉強のしかたのよしあしは，その取材能力によってある程度きまってしまう，といってもよい」「どれだけの情報を，どんなふうにあつめるか——それが学問の優劣を決めるのである」，とさえ述べています。加藤が言う「情報を仕入れる」仕事，すなわち取材をして，集めた材料を分析・考察するというのが，リサーチなのです。

　取材の第一歩は，図書館を利用することです。加藤も書いているように，図書館はまさに情報の宝庫だからです。そこで，加藤が，『取材学——探求の技法』で，まず図書館の利用法（たとえば，図書分類，芋蔓式文献探索など），とりわけレファレンス・ブックスや索引の利用法などについて説明しているのは，そのためです。そこには，図書館の利用法について有益なヒントがいろいろ述べられています。私自身の体験では，図書分類法などは忘れて，まず図書館を訪ね，開架式であれば目当ての本が並んでいる一帯を調べ回る，閉架式であれば関連した文献をコンピューターやカードで調べてみる，ということが大切です。分からないことがあれば，司書が教えてくれるはずです。

　しかし，加藤が取材と言っているのは，単に図書館で文献を調べるということだけではありません。加藤は，資料は図書館だけにあるのではないと強調しています。たとえば，ときには，古本や，企業や団体が発行する定期刊行物や書物から，思わぬ事実を発見することもある，と加藤は言います。

　民俗学，社会学，人類学，心理学などの分野では，体験者や当事者から聞く話がきわめて重要です。加藤によれば，民族誌の国際的データベース HRAF（Human Relations Area Files）でもっとも重要な資料（「一次的資料」）として最高点が与えられているのは，「学者が，現地で，直接に観察したり，あるいは話をきいたりしてまとめた資料」だそうです（HRAF に興味のある人は，http://www.yale.edu/hraf/index.html にアクセスしてみてください）。

　現地へ出かけて，図書館，博物館，工場街，祭などを訪れ，いわば情報を「体験」するのも，取材です。いわゆる現地調査または野外調査（フィールドワーク）です。加藤は，現地調査についても，方法や注意事項について説明しています。たとえば，人を訪問するときの礼儀や心構え，テープレコーダーを使用するときのルール，研究対象と観察者の距離のおき方などです。ぜひ参考にしたらい

いでしょう。

　インターネット　加藤があげる取材方法に，最近はコンピューターが加わりました。インターネットを利用して，さまざまな情報源（site）や電子図書館にアクセスすることが可能になり，入手できる情報が爆発的に増えました。なかには，各国の国勢調査統計や議会議事録，判例記録，修士論文要約，研究論文，雑誌記事など，きわめて利用価値の高い情報が入っています。場合によっては，国内・国外の大学図書館の検索も可能です。諸外国の研究者とも，簡単に情報交換ができるようになりました。

　このように日本はもちろん，世界中のさまざまなサイトの情報を検索できるインターネットは，知識を得たり，資料を収集したりするための最新のツールとして大いに活用したいものです。それにはいろいろなコツがありますが，まずは以下の方法を習得してみてください（URL は，いずれも 2004 年 1 月現在）。

① インターネットの各種検索エンジン（Google, goo, Yahoo!, Infoseek, msn など）の使い方を覚えてください。とりわけ，以下のディレクトリーはレポート作成のための情報・資料検索に大いに役だつはずです。

・Yahoo!（http://www.yahoo.com/）の"Web Site Directory"と Yahoo! Japan（http://www.yahoo.co.jp/）の「Yahoo!カテゴリ」。とくに「カテゴリ」の「生活と文化」「教育」「メディアとニュース」「ビジネスと経済」「社会科学」「政治」「地域情報」など。

・Google の「検索オプション」（http://www.google.co.jp/advanced―search?hl=ja）。とくに，「Googleディレクトリー」の「ニュース」「ビジネス」「各種資料」「社会」「地域」など。

・goo の「カテゴリーで検索」（http://dir.goo.ne.jp/index.jsp?TAB=top&MT=）。とくに，「くらしと社会」「メディアとニュースと政治」「教育と学問と文化」「コンピュータとインターネット」「資料と情報源」「地域情報」「ビジネスと経済」）など。

・MSN の「サーチ」（http://search.msn.co.jp/http://search.msn.co.jp/）。とくに「ビジネスと経済」「政治と社会」「教育と学習」など。

② Yahoo!Japan の「各種資料と情報源」（http://dir.yahoo.co.jp/Reference/)，Googleの「各種資料」(http://directory.google.com/Top/World/Japanese/%E5%90%84%E7%A8%AE%E8%B3%87%E6%96%99/)，gooの「資料と情報源」(http://dir.goo.ne.jp/reference/)を使えば，文献目録，年鑑，百科事典，学会誌，国会や都道府県議会および市町村議会の議事録，政府資料，さまざまな統計にアクセスできます。また，MSNの「教育と学習」(http://search.msn.co.jp/browse.aspx?ps＝dp%3d%26rn%3d2882539%26&FORM＝HP)からは，NACSIS Webcat(国立情報学研究所が提供する学術研究利用のための総合目録データベース)，NII 国立情報学研究所(全国の大学，国立研究機関や民間企業の研究所と連携し，情報学研究を総合的に推進する機関)，TRC図書館流通センターのブックポータル(1980年以後の新刊図書について，内容や著者略歴などを紹介)，国内人文系研究機関WWWリスト(学会別，地域別，分野別に語学，文学，哲学や心理学などの人文系研究機関のリンク先をリストアップ)，国立国会図書館，日本国内図書館OPACリストなどが接続できます。

③本や雑誌記事，また日本の法例資料，条約資料，議会資料については，国会図書館のサイト(http://www.ndl.go.jp/)にアクセスしてみましょう。国会図書館には，たとえば次のサイトがあります。「日本全国書誌」(http://www.ndl.go.jp/jp/publication/jnbwl/jnb_top.html)，「近代デジタルライブラリー」(国会図書館が所蔵している明治期発行図書が閲覧できる)(http://kindai.ndl.go.jp/index.html)，「全国新聞総合目録データベース」(http://sinbun.ndl.go.jp/)，「データベース・ナビゲーション・システム」(http://dnavi.ndl.go.jp/)，「国会会議録検索システム」(http://kokkai.ndl.go.jp/)，「国・地域別資料紹介」(http://www.ndl.go.jp/horei_jp/Countries/kunibetsu-top.htm)，「官報・法令・判例検索(日本)」(http://www.ndl.go.jp/horei_jp/Links/link_gazette_j.htm)，「近現代日本政治人物文献目録」(http://refsys.ndl.go.jp/hito.nsf/Internet?OpenFrameset)，「国際関係資料」(http://www.ndl.go.jp/horei_jp/Countries/kokusai_top.htm)。

④国立情報学研究所のNACSIS Webcat(http://webcat.nii.ac.jp/)を利用すれば，全国の大学図書館で所蔵している図書の検索ができます。あなたの図書館にない図書は，借り出してくれるはずです。同研究所のWebcat Plus (http://webcatplus.nii.ac.jp/)では，検索キーワードで図書を探してくれます。

⑤市販中の本を調べるには，アマゾン(http://www.amazon.com/または http://www.amazon.co.jp/)，日本書籍出版協会の電子書店(http://www.books.or.jp/)，紀伊國屋書店のホームページ(http://www.kinokuniya.co.jp/)などにアクセスしてみるとよいでしょう。古本のホームページもあります。

⑥論文や評論記事をインターネットに掲載している学会誌や専門誌もあります。たとえば上智大学アメリカ・カナダ研究所の『アメリカ・カナダ研究』(http://www.info.sophia.ac.jp/amecana/E2/Journal.htm)，米外交問題評議会発行のForeign Affairs (http://www.foreignaffairs.org/)，Educational Foundation for Nuclear Science のThe Bulletin of the Atomic Scientists (http://www.thebulletin.org/)などです。今後，こういう例はさらに増えるでしょう。アメリカ学会の『アメリカ研究』(http://wwwsoc.nii.ac.jp/jaas/periodicals/AR.html)や日本国際問題研究所の『国際問題』(http://www.jiia.or.jp/shuppan/kokusaimondai/)のように，目次だけをインターネットに掲載している場合もあります。いろいろな大学の研究誌に興味のある学生は，国立情報学研究所の「研究紀要ポータル」(http://kiyo.nii.ac.jp/)にアクセスしてみてください。

試みに，上記のリンク先のうち，国立情報研究所情報サービス(〈http://www.nii.ac.jp/service-j.html〉)を開いてみましょう。そこには，「文献情報」としてCiNii（Nii引用文献情報ナビゲータ），研究紀要ポータル，NACSIS-IR（情報検索サービス），NACSIS-ELS, Oxford Journals Online Journals,「図書情報」として Webcat(総合目録データベース WWW 検索サービス), Webcat Plus(Nii 図書情報ナビゲータ)など，学術情報の検索にきわめて重要なサイトが紹介されています。そのうち，たとえば NACSIS Webcat(〈http://webcat.nii.ac.jp/〉)を利用すると，あなたの探している図書を全国のどの大学図書館が所蔵しているか，検索できます。また「雑誌記事索引データベース」(〈http://www.nii.ac.jp/ir/ir-j.html〉)では，1948年から74年までの日本の学術雑誌に掲載された人文科学論文が検索できます。

なお、東京大学附属図書館情報基盤センターでは、「インターネット上の学術情報源を蓄積し、検索できるようにしたデータベース」を運営しています。「インターネット学術情報インデックス(Index to Resources on Internet:IRI)」(〈http://resource.lib.u-tokyo.ac.jp/iri/url_search.cgi?S_flg＝〉) というこのデーターベースは、総記、哲学、歴史、社会科学、自然科学などに分類され、2003年4月中旬現在で3,800件近くのデータが蓄積されているそうです。

そのモデルになったのが、"Infomine"という米国カリフォルニア大学リバーサイド・キャンパス図書館の「バーチャル・ライブラリー」(〈http://infomine.ucr.edu/〉)。インターネットで入手できる11万5千もの「データベース、電子ジャーナル、電子本、案内、メーリング・リスト、オンライン図書館カード・カタログ、記事、研究者名簿、その他のさまざまな種類の情報」から成り立っているという"Infomine"は、"Business & Economics," "Cultural Diversity & Ethnic Resources," "Electronic Journals," "Government Information," "Social Sciences & Humanities"などに分類され、キーワードや著者名などを打ち込めば、コンピューターが情報を検索してくれます。

またProQuest (http://www.umi.com/proquest/) は、米国の大学の修士論文や博士論文、学術雑誌論文、古い新聞記事など膨大なデータベースを掲載した世界有数のいわば学術サイトです。

インターネット利用の注意点　インターネットで情報を収集する際、次の点はとくに注意すべきです。ひとつは、大半の情報は宣伝・広報用に発信されているということです。したがって、情報源にとって都合の悪いものは提供されないかもしれません。情報は情報源にとって都合のよいように「操作」されているかもしれません。

第2点は、インターネット情報は補助的に使うべきだということです。情報源はあなたの研究に必要なすべての情報を提供してくれるわけではありません。1980年代以前の資料や一般向きでない資料は、入力されていない可能性があります。むしろ、レポートに利用できる大半の資料はインターネットでは入手できない、と考えた方がいいでしょう。したがって、便利だからといってインターネット情報だけに頼るのは禁物です。

第3点は，インターネット情報の多くは流動的で，しかも次々と更新されることです。あなたが使った情報を別の人が見ようとしても，もはや存在しないか，変更されているかもしれません（本の場合は初版と第2版を比較できますが，インターネット情報はそうはいきません）。そこで，引用する場合は，サイトにアクセスした年月日を記するようにします。サイトの情報掲示日が示されておれば新聞や雑誌の発行日の場合のように，それも書いておきます。

　第4点は，インターネット情報も著作権を尊重すべきだということです。他人のサイトに載っている文章，絵・写真，図表などを，出所（サイト）を明らかにしないでコピー（ドラッグ・アンド・ドロップ）する学生がいますが，これは盗作になります。情報を引用あるいは参照する場合は，必ず情報源（サイト発信者）を示すようにしましょう。発信者が不明の場合は，利用すべきではありません。

　（余談ですが，アメリカなどでは，コンピューター・ネットワークにおけるジェンダーと力＝パワーの関連性，コンピューター通信とそれに対する学生の認識，コンピューターを利用した文章表現授業の評価などについての研究もおこなわれています。今後は，コンピューター通信［computer-mediated communication＝CMC］に関する研究が盛んになることが予想されます。）

　一次資料・二次資料　一次資料（primary source）の「一次」には，「主要な」というのと「オリジナル」という意味があります。研究レポートなどでいう「一次資料」も，「主として依拠したい資料」と「オリジナルの資料」という意味で使われます。たとえば主としてトルーマン大統領の日記を使って第二次大戦直後のアメリカ合衆国の対日政策を研究すれば，その日記が一次資料になります。日記が，未編集またはそれに近いもの（原資料）であれば，オリジナルという意味で一次資料と言えます。一般的には，日記，私的あるいは公的な手紙や文書，聞きとり（インタビュー）記録，信頼できる機関の統計や報告書などは，オリジナル資料と考えられます。宮本武蔵の『五輪書』は一次資料，その解説書は二次資料です。（歴史的資料は「史料」とも言います。）

　これに対して，二次資料（secondary source）とは，補足的な資料，あるいは市販の本や雑誌（の記事）などを指します。オリジナル資料を使って書いた本や論文も二次資料です。

一次資料と二次資料の区分は，はっきりしない場合もあります。たとえば新聞記事は，通常，二次資料と考えられますが，過去の事件に関する研究や報道のあり方に関する研究では一次資料にもなります。

　研究では，できるだけその研究にとって一次資料と考えられるものを使うべきですが，学生にとってそれは必ずしも可能ではありません。その場合でも，できるかぎり確実で信頼性の高い資料や情報を選択して使う必要があります。インターネットやCD-ROMが普及した分だけ，あり余る情報にふりまわされないよう，加藤の言う「情報の鑑識眼」をもつことが重要です。

リサーチの方法（メソドロジー）

　社会科学のリサーチの方法（メソドロジー）は，テキスト（資料）分析，図書利用によるリサーチ，野外（現地）リサーチ，統計的リサーチなどに分けられます。

　川喜田二郎は，広い意味での科学を「書斎科学」「実験科学」「野外科学」と呼んでいます（『発想法』）。テキスト分析や図書利用によるリサーチは書斎科学，自然科学や実験を要する心理学などは実験科学，現場（野外に限らない）における社会調査などは野外科学と言えるでしょう。

　なお，社会科学的なリサーチの方法やその考え方については，B・ベレルソン，G・A・スタイナー共著（南博・社会行動研究所訳）『行動科学事典』，宝月誠・中道實・田中滋・中野正大『社会調査』などが役にたつはずです。

　テキスト分析　　ここで言うテキスト（text）とは，教科書ではなく，原文とか原典の意味です。一般には宗教の教典や哲学や文学の作品などを指します（日本では，教科書と区別するため，テクストと表記する場合もあります）。テキスト分析は，従来から人文学的諸分野における重要な研究作業のひとつでした。

　社会科学では，偉大な思想家や芸術家の作品のみでなく，ごく普通の人々が個人的集合的に生みだしたものもテキストとしてとり扱われます。口承によって伝えられている諸民族の神話や民話民謡なども，研究者によって忠実に記録されることによってテキストとなります（たとえば人類学者のフィールドノート）。同様に，政治家の演説や儀礼的言辞，人々の日常会話なども，適切に記録されればテキストとして扱うことが可能です。通信手段の発達した現代社会で

は，マスメディアを通じて流布される流行歌やスターのうわさ話，ニュース報道，新聞雑誌の記事，映画などもテキストとみなされます。ハンガリー人の民話学者デイは，新聞雑誌に現れる個人広告や占い師の宣伝文をテキストとみなして，現代社会のポピュラー文化の一端に鋭くきりこみました。実際，ポピュラー文化研究の対象とされるものの多くは，テキスト資料なのです。もちろん，パソコン通信で交換される膨大なメッセージもテキストです。

テキストは人間の精神活動の所産ですから，外側から観察される行動や，インタビューや質問紙によって収集される言語報告と同様に，重要な情報源であるとみなされます。テキスト資料を研究のためのデータとしてとり扱うために，社会科学では，教典研究や文芸批評などで用いられる人文学的なテキスト分析とは異なる，科学的なテキスト分析の技法が開発されてきました。人類学者レヴィ゠ストロースの構造主義的神話分析や，民話学者のアラン・ダンデスがおこなった民話の形態分析，社会言語学者がおこなう談話分析などはその代表的なものです。またマスコミ研究の分野では，内容分析（content analysis）と呼ばれる定量的なテキスト分析の方法が発達しています。これは，新聞記事や社説のなかに現れる特定の問題についての記述を統計的に分析する技法で，無作為標本抽出法や評定法，多変量解析など，さまざまの数量的手法が適用されます。

最近では，ニュースやドラマを定性的に分析して，その背後にあるイデオロギー文化を明らかにする手法（批判的談話分析 critical discourse analysis）も生まれています。

特定の言語的資料をテキストとして扱う場合には，テキストのなかの特定の情報内容だけを恣意的・選択的にとりあげて解釈するのではなく，情報提示の順序や表現形態または全体構造や様式までを視野にふくめた総体的で一貫した手続きと枠組みのもとに情報を抽出し解釈をおこなう，というのが重要です。そのための手法が構造分析や内容分析というわけです。そのような厳格な手続きや枠組みを用いずに同じ資料を読んだとしても，それはテキスト分析とは言えません。

テキスト分析に興味のある人は，次の諸文献を参考にその方法を学んで下さい。アラン・ダンデス（池上嘉彦訳）『民話の構造——アメリカ・インディアンの民話の形態論』，クロード・レヴィ゠ストロース（荒川他訳）『構造人類学』，クラ

ウス・クリッペンドルフ(三上・椎野・橋元訳)『メッセージ分析の技法──「内容分析」への招待』。

図書資料によるリサーチ　あらゆるリサーチに，図書(本，論文など)の利用は不可欠です。すべてのリサーチは，読むことから始まる，と言ってもいいでしょう。大学のレポートのほとんどは，大学図書館や地域の図書館を利用して書けるはずです。

図書館には，参考図書(辞書，百科事典，文献目録など)，一般書，研究書，定期刊行物(新聞，雑誌，紀要など)，政府刊行物などが保管されています。写真，聞き書きテープ，CD，修士論文や博士論文の目録，マイクロフィルム(またはマイクロフィッシュ)を収納しているところもあります。

現在では，大半の図書館に，CD-ROM はもちろん，インターネットを通じて情報検索のできるコンピューターも備えられています。コンピューターを通じて，図書館(たとえば国会図書館や大学図書館)の蔵書も検索できます。百科事典，学術雑誌論文，雑誌記事，新聞記事などは図書館のCD-ROMで検索できます。

図書館相互貸し出し制度(inter-library loan service)を利用すれば，多少日数はかかりますが，自分の図書館にない本を他の図書館から借りてもらったり，論文のコピーを取りよせてもらったりすることも可能です。大学によっては，本の所在さえ分かれば，外国の図書館から借り出してもらうこともできます。

大学図書館や地域の図書館だけでなく，外国大使館や国際機関の付属図書館(たとえば国連広報センター，アメリカ文化センター，ブリティッシュ・カウンシル，カナダ図書資料センター，ゲーテ記念館)，公文書館，資料館，博物館なども利用したらいいでしょう。古本屋で参考になる図書が見つかることもあります。新刊書は，図書館に収納されるまでに時間がかかりますので，自分で購入するほかありません。

図書館などの利用法については，それぞれの図書館の方法に慣れることが第一です。マイクロフィルム(またはマイクロフィッシュ)があれば，その利用の仕方も覚えた方がいいでしょう。よく分からなければ，司書に教えてもらって下さい。多くの図書館では，コンピューターで図書検索ができるようになっていますので，それも使いこなせるようにしたらいいでしょう。開架式図書館で

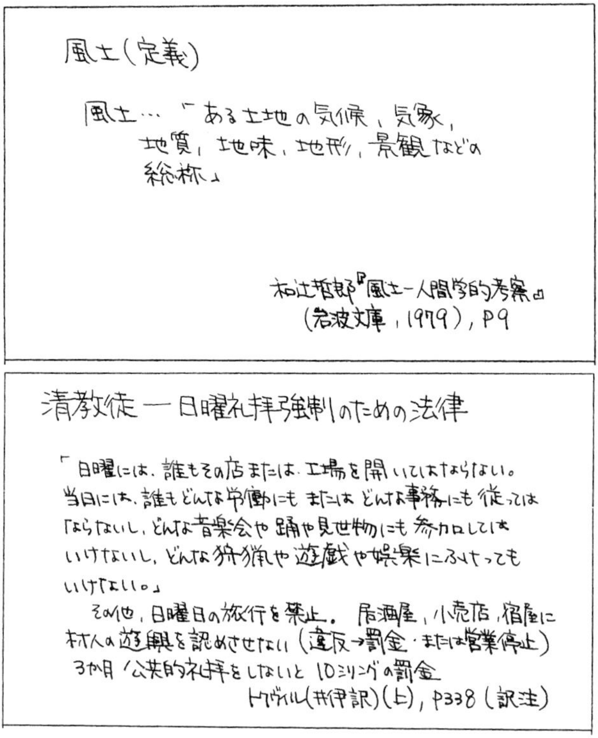
風土（定義）

風土…「ある土地の気候、気象、
地質、地味、地形、景観などの
総称」

和辻哲郎『風土―人間学的考察』
（岩波文庫、1979），P9

清教徒―日曜礼拝強制のための法律

「日曜には、誰もその店または、工場を開いてはならない。
当日には、誰もどんな労働にも または どんな事務にも従っては
ならないし、どんな音楽会や踊や見世物にも参加しては
いけないし、どんな狩猟や遊戯や娯楽にふけっても
いけない。」
その他、日曜日の旅行を禁止。居酒屋、小売店、宿屋に
村人の遊興を認めさせない（違反→罰金・または営業停止）
3か月／公共的礼拝をしないと 10シリングの罰金
トクヴィル（井伊訳）（上），P338（訳注）

図 2-2　カードの例

は，関心分野のあたりを歩き回って，めあての本以外にどういう関連図書があるか閲覧してみるのも大切です。前述の加藤は，それを「精神の散歩」と呼んでいます。

図書館を利用する場合，目的意識をもつことがもっとも大事です。何について，どういう問題意識をもって調べるのか，ということがはっきりしないと，無駄な時間をすごすことになりかねません。自分の興味の対象がはっきりしない場合は，先に述べた参考図書が非常に役だちます。少しでも興味をもっていることがらについて，たとえば『雑誌記事索引』や *Readers' Guide to Periodical Literature* でその項目をひいてみれば，無数のアイデアやヒントがころがっているはずです。これだと，芋蔓（いもづる）式に参考文献をたどっていくことができます。欧米の図書館には，本や論文の要約(abstracts)があり，コンピューターで検索

できます。日本でも，まもなく多くの大学図書館でそれが可能になるでしょう。

本(とくに学術書)にも，最後に索引がついている場合があります(欧米ではほとんどの学術書についています)。索引は，必要な部分を読んで参考にするのにきわめて便利です。本はすべて最初から最後まで(cover to cover)熟読し，ノートをとる必要はありません。ときには，自分の調査研究に関連する項目について索引部分にあたれば，一冊の本を効率的に利用したことになります。インターネットを利用すれば，キーワードを打ちこむと情報を検索できます。

学術書を読むときに，「注」や「文献一覧」も忘れてはなりません。ときには，「注」や「文献一覧」が，あなたの調査研究にとって重要なヒントや情報を提供してくれるかもしれないのです。

何冊参照するか　レポートや論文にもよりますが，原稿用紙10枚(4000字)程度の研究レポートを1冊や2冊の本，あるいは同一著者の本や論文だけを参照して書くのは，無謀です。他の文献を参照しないで独創的なレポートが書ける学生がいるかもしれませんが，それはきわめて例外的でしょう。確実な情報(事実や考え方)を多角的に集め，それにもとづいて自分なりに考え，整理して書くのが普通です。そのためには，著者の異なる何種類かの文献にあたるべきです。だからといって，10枚程度のレポートを書くのに，十数点の文献を参照にするのは時間的に困難です。参照文献の種類や範囲は，レポートの性格に応じて各自で判断するほかないでしょう。参照した文献は，末尾に列記した方がいいでしょう。

卒業論文や修士論文では，参照文献の種類と範囲はさらに広がるだけでなく，その「質」も問われます。2，3人だけの著者の文献，あるいは数種類だけの文献を参照しただけの論文は，ほとんどの場合，論文とは認められません。また参照した文献は末尾に列記しますが，参照に値しない文献をどれほど並べても，論文の価値は上がるどころか，むしろ下がります。たとえば，二次資料のみにもとづく論文は，当然，一次資料を使った論文より低く評価されます。

情報の記録・整理　図書，マイクロフィルム，インターネットなどで参照した情報は，カード，ノートブック，コンピューター・ファイルなどに記録します。必要な情報を直接引用したり，パラフレーズするだけでなく，どの文献(著者，文献名，発行所，発行年)のどのページからの情報なのかを書き記しま

す。あとでレポートを作成するときに利用するためです。

書誌情報　もっとも、著者名・著書(論文)名などのいわゆる書誌情報は、項目ごとに書く必要はありません。一度、たとえば

　　クラウゼヴィッツ著、篠田秀雄訳『戦争論(上)』岩波書店、1968
　　三竹直哉「連邦制ベルギーの国家とアイデンティティ」『国際政治』110号
　　　(1995年10月)、pp. 114-127
　　吉田茂からトルーマン宛ての手紙、1947年3月5日(吉田資料館、ボックス
　　　4G)*

と詳しい書誌情報を記録しておけば(*架空の手紙と資料館です)、次に同じ出所から参考になる部分を抜き出すときには、

　　クラウゼヴィッツ(上) p. 70、あるいは、戦争論(上) p. 70
　　三竹、p. 118
　　吉田→トルーマン(47/3/5)

と書けばことたります。書誌情報そのものをなくしてしまうと、実際に論文を書くときに探し回ることになりますので、きちんと保管します。

キーワード　カードを使用するときは、分類した項目名(キーワード)を最初に書いておくと、あとで情報を整理するのに便利です(図2-2)。コンピューターに入力した情報は、簡単に検索できます(後で思いついたキーワードは追加する)。

自分に合った方法　どの方法がよいかは、一概に言えません。試行錯誤を重ねて、自分にもっとも合う方法を探したらいいでしょう。私自身は、ノートブックからカード、それからノートブックに戻り、現在はほとんどコンピューターを利用しています。コンピューターだと、ひとつのテーマについてすべての情報をひとつのファイルに、あるいはサブテーマや項目ごとに別々のファイルに入れておくだけで、画面分割によってさまざまな情報を検索・参照しながら書くことができます。別の画面を見ながら、アウトラインを作成するのも可能です。コンピューターが手元になかったり、持ち込めない場合は、ノートブックなりに書きとめておきます。

カードは，分野別あるいは項目別にどんどん情報を追加できますので，心理学者，文化人類学者，社会学者の間で利用する人が多いようですが，研究者以外には，整理がわずらわしい，保管に場所をとる，持ち運びに不便，といった問題があるかもしれません。

ノートブック，カード，コンピューターのいずれであれ，情報は情報源(著者，書名や論文名，発行所，発行年，ページ番号など)を記録したうえで，きちんと整理しておきます。せっかくの情報も，出典が分からなくなると困りますし，紙切れなどに書いてなくしてしまうと時間とエネルギーの無駄になります。

ドキュメントを用いた調査　これは，図書(館)利用のリサーチと似ていますが，基礎資料として使われるのは手紙，日記，自伝，新聞記事，裁判記録などの公的機関の資料，観察者の記録などです。『社会調査』(前出)は，19世紀末から20世紀初めにかけて大量にアメリカに移住したポーランド農民に関するW・I・トーマスとF・ズナニエッキの『ヨーロッパとアメリカにおけるポーランド農民』を，古典的な例として紹介しています。トーマスとズナニエッキは，手紙などの資料を駆使して，農民たちの家族，社会組織，生活，宗教，同化過程などを調べ，彼らの変容と適用を帰納的に解明したのです。

ドキュメントを用いた調査については，ケン・プラマー(原田・川合・下畔監訳)『生活記録の社会学——方法としての生活史研究案内』を参照したらいいでしょう。

現地(参与)調査　社会学や文化人類学などの分野では，とくに野外(現地)調査(field research, field work)が重視されます。他の分野，たとえば政治学などでも，野外調査はおこなわれます。野外とか現地というのは，「現場」という意味です。読書や頭だけの作業を離れ，実際に現場を訪れて人々の日常生活や行動を観察したり，人々から話を聞いたりするのが，現地調査です。学生にとっては，教室や研究室から出て，「現実の世界」で，そこの人々の目と体験を通じてものごとを観察することを意味します。そこで，この方法をparticipant observation(「参加観察」あるいは「参与観察」)とも呼びます。

現地調査は，主として，外部の研究者が，「現場(field)」における人々の生活，習慣，行動パターンなどを参加者(その社会の成員)の立場に身をおいて，すなわち観察対象の一員となって体験し，可能なかぎり正確かつ客観的にそれ

を観察・記録するのが目的です。ただし，自らの仮説をテストする（検定する，妥当性を調べる）ために現地調査をおこなう場合もあります。

　現地調査では，聞きとり（interview）をするときも，研究者が前もって用意した質問に答えてもらうアンケート調査ではなく，参加者が自らの言葉で，自らのやり方で語るのを記録します。統計的手法はあまり重視しません。人間生活の微妙な部分を統計で示すことはできない，と考えるからです。また，生活，習慣，行動パターンなどを記録し，そこの人々にとってどういう意味をもっているのかを探究するのが目的であって，何らかの予断をもって仮説を導きだすのが目的ではないからです。

　上記の『社会調査』は，「参与観察の調査の事例」としてH・S・ベッカーの『アウトサイダーズ——逸脱の社会学的研究』をあげています。学生にとっては，たとえば教室やサークル，幼稚園，老人ホーム，選挙事務所，コンビニエンス・ストア，日本人と外国人が働く工事現場，駅などにおいて，人がどういう行動をとるか，どういうことに興味をもつのか，どのようにして他人と接し，ものごとを決めるのか，互いにどのような言葉遣いをするのか，それはどういうことを意味するのか，といったことを観察・記録する，といったのが現地調査として考えられます。その際，予断や偏見を捨て，そこの人になりきり，虚心坦懐に人の話に耳をかたむけ，しかも周囲で起こるあらゆることを観察することが大切です。最終結果は，いわば詳細な観察記録となります。

　特定の地域や時代における「子育て」「子供の遊び」「結婚式」「葬式」などについての聞きとりや，特定の人物やできごとに関する聞きとりも，現地調査の対象になりうるでしょう。生活史についての客観的な聞きとり調査を，他の資料で補えば，立派な研究レポートになります。

　現地（参与観察）調査のさらに詳しいこと（現地での対応の仕方，テープを使うときの態度など）については，加藤秀俊『取材学——探究の技法』の「第Ⅴ章　現地を見る」および「第Ⅵ章　取材の人間学」，佐藤郁哉『フィールドワーク：書を持って街へ出よう』，J・G・クレイン，M・V・アグロシーノ（江口信清訳）『人類学フィールドワーク入門』，P・H・マン（中野正大訳）『社会調査を学ぶ人のために』，直井優『社会調査の基礎』，高橋順一・渡辺文夫・大渕憲一編『人間科学研究法ハンドブック』，川喜田二郎『野外科学の方法』，などを参考にして

下さい。加藤が述べるように、参与(参加)観察では、とりわけ、「現地に参加しながら、同時に観察者としての立場を失うことなく取材」し、記録する、ということが大切です。

統計的リサーチ　統計(定量)的リサーチ(quantitative research)というのは、その名のとおり、統計を用いたリサーチです。サーベイ・リサーチと呼ばれることもあります。化学の定量分析(「化学反応を利用して試料を構成する成分物質の量を明らかにする分析法」)を社会科学に援用したもので、社会科学の調査に科学性を与えようという意図が込められています。これに対して、参与観察やインタビューによる調査は定性的調査(qualitative research)です。

統計的リサーチは、時間も手間もかかるので、授業の一環としてのレポートより、通常は卒業論文や修士論文で使われる例が多いようです。1950年代以来いわゆる行動科学が盛んなアメリカでは、選挙分析や市場調査など多くの分野で定量的リサーチがおこなわれています。今後はコンピューターの普及により、日本でも統計的手法によるレポートが増えるかもしれません。

典型的な統計的リサーチは、質問紙調査などによって研究者が収集した資料にもとづくものです。これには、測定のための尺度、調査票や質問紙の作成、サンプリング、質問紙の配布と回収、結果の集計、統計的検定(testing)、分析結果の解釈といった作業が必要です。統計的リサーチの方法については、社会調査に関する上記の著作や、井垣章二『社会調査入門』、飽戸弘『社会調査ハンドブック』、末永俊郎編『社会心理学研究法』、安田三郎・原純輔『社会調査ハンドブック』、辻新六・有馬昌宏『アンケート調査の方法』、津村善郎・築林昭明『標本調査法』などを参考にしたらいいでしょう。

統計的リサーチには、その他、公的機関(国連、OECD、各国政府、地方自治体など)の公式統計資料、各種世論調査、原資料(新聞・雑誌の記事や論説、著書、テレビやラジオの番組、裁判の判例、人名録など)を素材にして、統計的な分析を加える方法があります。ただし、似田貝香門は、『社会学辞典』の「社会調査」の項で、「既存の統計資料や文献だけ(に限定した)分析」や「統計の第二次的分析」は、社会調査とは言えない、と述べています。「社会調査」と認められる範囲は、それぞれの担当教員に尋ねたらいいでしょう。

主としてマス・コミュニケーションに対して用いられる内容分析(content

analysis)も，その一方法です。内容分析では，たとえば，特定の問題に関するある新聞の傾向を調べるために，乱数表などを使って関連社説を無作為に抽出し，さらにそれぞれの社説の部分（項目）を無作為に抽出して，何人かの判定者に「同意―不同意」または「賛成―反対」などを五段階で判定してもらい，それを統計的に処理する，というようなことが考えられます。

　心理学から他の分野でも利用されるようになった因子分析（factor analysis）では，統計的に数多くの表面的な変数（variables）のなかから，その背後にある少数の共通因子を探りだし，解釈します。

　統計的リサーチでは，研究題目，要約（アブストラクト），目次に続いて，次の順序でレポートをまとめます。

　①問題（研究の目的，主題，問題提起，先行研究のレビュー，研究の意義）
　②実験や調査の具体的な方法
　③得られたデータとその分析の結果
　④当初の仮説を支持しているかどうか，実験や調査から得られる結論や理論的意味，反省点などを吟味する考察
　⑤必要があれば結語（まとめ）

　事例研究（ケーススタディ）　　英和辞典には，「社会福祉との関連での発達要因を強調しての，個人・家族・社会集団・文化などの個別単位の集中的分析結果」（研究社『新英和大辞典』）と説明されています。しかし，ここで言う事例研究（ケーススタディ）は必ずしも社会福祉分野にかぎられたものでありません。

　たとえば冷戦時代の東西対立についてキューバを例にとって，日本の移民史について和歌山県三尾村を例にとって，地域紛争についてユーゴスラビアを例にとって研究する，というのも事例研究です。事例研究（個別研究）の結果は，必ずしも全体（東西対立，日本の移民史，アメリカ合衆国の対国連政策）を説明することにはなりませんが，少なくともそのある側面の説明にはなります。ある特定の社会的単位（個人・家族・社会集団）や事例をテーマにした研究は，特定の社会的単位や事例について具体的で深い（つまり集中的＝intensive＝な）調査・分析が可能となり，結果的に全体を把握することに役だちます。

　事例研究については，土井正徳・山根清道・村田宏雄『事例調査法』などを参照したらよいでしょう。

リサーチの倫理

　リサーチにも，その結果を文章化する作業にも，守るべきルールというのがあります。一部の研究者が，先住民の了解なしに遺跡を掘り起こし，遺骨などを「研究用」に持ち帰って，問題になったことがあります。あるいは，地域住民にとって神聖な儀式や行事を邪魔したとして，批判された研究者もいます。研究者は，こうした自己中心的な態度をとるべきではありません。できるだけ相手の立場や気持ち，あるいは地元の慣習などを尊重しなければなりません。これは，もちろん，研究者が研究対象との間に信頼関係を築き，調査を円滑に進めるうえでも必要です。

　かつて，一部の文化人類学者は帝国が植民地経営をおこないやすくするのに寄与した，と批判されました。その事実はともかく研究が特定の政治目的のためのものにならないように用心することも大事です。

　人から話を聞いたり，アンケート調査をおこなったり，写真を撮ったりするときも，このような礼儀をわきまえるべきです。たとえば面接の際は事前に相手の都合を聞く，録音したり撮影したりするときは相手の了解を得る，面接やアンケートで匿名を希望すればそれを尊重します。人物や村落などについて調査する場合，もしも特定することによって何らかの迷惑がかかるおそれがあれば，匿名や仮名にした方がいいでしょう。

　リサーチでとくにお世話になった研究者，協力者，機関などがあれば，その旨明記します。いわゆる謝辞（acknowledgment）です。もちろん，そこに迷惑がかかるようであれば，明記する必要はありません。参照した文献をあげるのにも，謝辞の意味が込められています。

　盗作　他人の本や論文の一部を書き写して，そのまま自分のレポートにしてしまう学生があとを絶ちません。最近は，インターネットのウェブサイトに掲載されている文章や写真や図表を，堂々（？）とそのままコピーして提出する学生さえいます。こっちのサイトから一部，あっちのサイトから一部と寄せ集め，多少文章のくせを調整して自分のレポートに見せかける人もいます。

　このような行為は明らかに剽窃（盗作）です。剽窃は，著作物という財産に対する他人の権利（著作権）を侵害する違法行為です。剽窃の対象となるのは文章表現だけではありません。何らかのオリジナリティがあると認められるアイデ

アや意見も対象になります。たとえば「人類は平和を祈願している」というのは誰しも考えることであり，何のオリジナリティもありませんが，平和を達成するための具体的な方法を新しい角度から論じたら，それは創造性があると言えるでしょう。剽窃した作品が公表されて社会的意味をもつ場合，訴訟を起こされて発表禁止や罰金の対象になる場合もあります。剽窃は法律に触れるだけでなく，倫理的にも問題となります。文学作家，画家，作曲家，音楽家，評論家，研究者などが他人の作品を剽窃したことがわかれば，社会的な評価や信頼を失い，もはやそれぞれの分野で活動できなくなる場合さえあります。

　学生のレポートは，学外で発表されるわけではないので，法的処罰の対象にはならない場合が多いでしょう。しかし，他人の文章やアイデアや意見（それがたとえ友人のものであっても）を，あたかも自分自身のものであるかのようにレポートに書いて提出すれば，それはカンニングと同じように学則違反として罰則の対象となります。大学によっては，盗作をした学生は教授会での審議・決定にしたがって，その学期のすべての科目を不合格にするところもあるようです。卒業論文が盗作と判明した場合は，退学処分となる場合もあります。

　いくつかのウェブサイトや何冊かの本から少しずつコピーしただけだから，あるいはレポートの最後に出典（出所）を書いておいたから剽窃したことにはならない，と主張する学生もいます。第一の点については，確かに，一冊の本の一部，あるいは他人のレポートやウェブサイトをまるごと「盗作」するより，いろいろなサイトを参照した分だけ罪は軽いように見えますが，出所を露見しにくくしたとも言えます。いずれにせよ，方法や分量に関係なく盗作は盗作です。第二の点については，どの部分が他人の作品から借りたものかが示されていなければ，やはり盗作と言われてもしかたないでしょう。

　自分のレポートが盗作と言われないためには，どうしたらよいでしょうか。それについては改めて説明しますが，基本的には次の三点を守ることが大事です。

　まず，あなたのレポートはあなたの努力でまとめたあなた自身の作品であることを自覚する。他人の文章やアイデアをつぎはぎしただけのレポートは，もはやあなたのレポートではありません。

　第二は，レポートはいろいろなことを調べて書くことが多いですが，他人の

説やアイデアを盛り込みたい場合は，あくまであなた自身の考えを補強または補足するための材料として使う。補強材が内容的にも分量的にもレポートの主要部分を占めるのは困ります。

　第三は，他人の言葉を引用する場合，カッコ（「」）でくくることです。また他人の言葉や考えを借用する場合，その場その場で出典（出所）を明らかにすることが大事です。きちんとした補強材を正しく使えば，盗作になるどころか，立派なレポートだという評価を受けるでしょう。

3章　レポート・論文の構成

　さて，リサーチ(取材)にもとづいて，いよいよレポートや論文を書くことになります。授業で要求されるレポートは，短いので原稿用紙1枚(400字)程度，長くて20枚から30枚といったところでしょう。

書き始める前に

　時間配分　　調査研究には，完璧ということはありません。時間や費用などを考慮して，ある時点で資料収集や分析をきりあげる，すなわち区切りをつける必要があります。その時点までの研究成果をレポートにまとめるのです。

　レポートをまとめる期間は，リサーチをふくめて1週間の場合もあれば，1学期あるいはそれ以上の場合もあります。数枚程度のレポートだと，締め切りまぎわになって，一晩で書きあげる学生がいますが，これではいいレポートが書けるはずはありません。これまでの説明で明らかなように，レポートを書く前に，テーマを設定し，リサーチをおこない，分析を加えるという作業が必要だからです。

　また，たとえ材料が揃っていても，すぐにレポートがまとまることはまれです。場合によっては草稿(draft)を二度，三度書き直す必要があります。構成を変えたり，追加取材(資料収集)したり，書き足したり，削除したり，表現を改めたりして，ようやくレポートが完成するのです。コンピューターで草稿を書いておけば，書き換えたり，パラグラフや文を移動したり，訂正したりするの

に便利です。この書き直し（rewrite/revise）作業を怠ると，内容的にも表現的にも不十分なレポートになってしまいます。

　したがって，レポートをまとめるときは，リサーチの時間，構成を考えながら書く時間，書き直す時間を念頭において進める必要があります。ときには，書きながら追加リサーチをおこなわなければならないかもしれません。レポートは，もちろん，期限までに提出します。

　アイデア集め　　リサーチが終わって書く用意ができたら，まずレポートにふくめる内容を点検します。それにはいくつかの方法があります。

　①ブレーンストーミング　　「ブレーンストーミング（brainstorming）」とは「ブレーン（頭脳）」と「ストーミング（嵐のようにかき回す）」の合成語です。頭の中をかき回して，洗いざらいアイデアをひきだそうというものです。「自由連想」とも呼ばれるように，たとえば10分間，思いつくことをすべてカードや紙に書くか，コンピューターに打ち込み，重要だと思われるアイデアを探し出します。このプロセスを二，三度繰り返しおこなったあと，カードや項目を関連のあるグループに整理します。

　川喜田二郎が開発した KJ 法では，思いついたことをひとつずつ別のカードに記入し，あとで全部を並べてグループ分けします。これを何段階か繰り返しおこなったあと，グループ間，カード間の相互関係を考え，全体の構成を考えていきます。（KJ 法については，川喜田『発想法——創造性開発のために』および『続・発想法』を参照）。

　②ショッピング・リスト　　買い物に行くときには，必要なものの一覧表をつくります。その場合，食料品，酒類，台所用品……のように分類しておくと便利です。同じように，自分のレポートのテーマと関係する事項をリストアップして，グループごとに分類します。

　③5W1H　　新聞記事で重要な，"who?" "what?" "when?" "where?" "why?" "how?" の6要素を念頭に，情報を整理・分類します。

　④図示　　関連する名前や項目を，図と文字で示します。家系図のように全体を一本の樹木に見立てて，次々と上下左右に枝をのばしていくとか，三権分立の図解のように四角形や三角形を組み合わせていきます。

　アウトライン　　このようにして集めたアイデアを，ちょうど本の目次のよ

うに並べると，アウトライン（概要）ができます。大項目を箇条書きにし，それぞれの大項目について中項目，それぞれの中項目について小項目を箇条書きにすると，レポートや論文の骨子ができたことになります。アウトラインが完成すれば，あとはそれを文章化するだけです。それぞれの大項目や中項目の長さを大体決めておくと，全体の長さが調整できます。コンピューターやワープロのアウトライン機能（またはアウトラインソフト）を使えば，全体図と書きたい項目を参照しながら，内容をまとめていくのに便利です。

　インキュベーション　　「インキュベーター」は人工孵卵器や未熟児用保育器のことです。そして「インキュベート」には，鳥が卵を抱いてかえしたり，人間の早産児や未熟児を保育器で保育する，という本来の意味から，計画を「生みだす」，考えや計画がうかぶ（次第に発展する），菌を培養する，という意味ももっています。したがって，「インキュベーション」とは，鳥が卵を孵化させるように，あるいは菌を培養するように，考えや計画をひねりだす（発酵させる），という意味があります。論文を書くような場合は，アウトラインをつくったり，草案を書いたりしたあと，一晩あるいは二晩おいておくと，「ひらめき」が生まれることがよくあります。昼間は思いつかなかったアイデアが，夜中になってわいてきたりします。したがって，論文を書くときは，二度三度，「インキュベーション・ピリオド（発酵期間）」を設けることも大切です。

文章の基本要素

　文章の基本的な構成要素は，言うまでもなく，広い意味での言葉（語句，読点〈，〉句点〈。〉，中点（または中黒）〈・〉，かっこ，ダッシュ〈──〉，三点リーダー〈……〉などの符号をふくむ）と，これらで構成するセンテンスです。ひとつ，または複数の文が集まって，段落（パラグラフ）をつくります。パラグラフは，レポートや論文の柱と言えるほど，きわめて重要です。段落が集まって節や章となり，節や章が集まってひとつのレポートとなります。

　パラグラフ　　パラグラフ（段落）は，国語辞典には，「長い文章中の内容上の切れ目」（『学研国語大辞典』）とか「長い文章をいくつかの部分に分けた，その一くぎり」（『岩波国語辞典』）説明されていますが，「切れ目」とか「くぎり」というより，積み木のように考えた方がいいでしょう。幼児は，ひとつひとつの積

み木(ブロック)を積み上げておもちゃの建物やロボットや自動車などを組み立てますが、そのブロックに相当するのが段落というわけです。レポートや論文は、積み木を積み上げるように、段落を組み合わせて作成するのです。パラグラフとは、建物をつくるときの骨組みになぞらえてもいい存在です。

パラグラフの役割　パラグラフ(段落)は、ギリシャ語で「対話における人物の交代をしるすもの」を意味する言葉から発展して、手書きの長い文章の切れ目を示す符号(¶)に由来するそうです。それは、主としてふたつの役割をもっています。

ひとつは、論理の展開を示す役割です。対話者が交代するときのように、論理がひとつのことがらから別のことがらに進んだり、新たな展開をする場合には、新しいパラグラフを設けた方が分かりやすくなります。

もうひとつは、「息継ぎ」の役割です。たとえ章が「ひとつの論理的意味をもつ単位」であっても、それが2ページや3ページにまたがるものであれば、読む者は論理の流れを追うのに疲れてしまいます。そこで、息継ぎができる「適当な」長さに文章を区切る必要が生じるのです。この場合も、どこで区切ってもいいというわけではなく、できるだけ適切な切れ目を探すべきです。

積み木のおもちゃをつくるコツは、きちんとした積み木を一個一個、しっかりと積んでいくことです。積み木が欠けていたり、積み方が悪いと、ぐらぐらしたり、くずれたりしまいます。論文も同じです。きちんとしたパラグラフをつくり、それを上手に構成していくことが大事です。それは、書く人の論旨を明確にし、読む人の理解を助けます。

このようにしていくつかのパラグラフをつないで、節や章をつくり、レポートや論文に仕上げるのです。

パラグラフの構成　パラグラフは、通常、トピック・センテンスと呼ばれる文と、それを説明あるいは補足する複数の文で構成されます。私たちは、レポートや論文を書くとき、まず要点を考えます。要点を並べて、いわゆる箇条書きにする場合もあります。この要点にあたるのが、トピック・センテンス(小主題文)です。つまり、要点と補足説明でなりたっているのが、パラグラフというわけです。

トピック・センテンスと補足説明からなるパラグラフを、一本の論旨でつな

がるようにしていけば，一貫性のある，そして理解しやすいレポートや論文が仕上がることになります。建物の図面にたとえると，それぞれのトピック・センテンスは柱に相当します。基本的な構造部分というわけです。論旨の明快なレポートや論文を書くには，しっかりした骨組みをつくる必要があります。これらのトピック・センテンスを順序よくつないでいくと，内容は読まなくてもレポートや論文の骨子が理解できれば，文章構成としては理想的でしょう。

3種類のパラグラフ　　パラグラフは3種類に分けられます。*The Practical Stylist*（New York : Harper and Row, 1986）の著者ベーカー（Sheridan Baker）は，それぞれの形から，最初の形のパラグラフを「漏斗（じょうご）型」，最後の形のパラグラフを「逆漏斗型」と呼んでいます。一番目を「逆三角形型」，二番目を「台形型」または「長方形型」，三番目を「正三角形型」と呼ぶこともできるでしょう。これらは「問題提起」「論証」「結論」という論文の流れ（形）をつくるだけでなく，論述に変化をつける役割をはたします。

漏斗というのは，大きな容器から小さな容器に液体を流し込むのに使う，朝顔の形をした道具ですが，冒頭の「漏斗型」のパラグラフは，ちょうど漏斗のように，たとえば一般的に知られている事実や状況から特定のテーマにつないでいく役割をはたします。遠景から徐々に特定の対象物にしぼっていくカメラのレンズとも似ています。

レポートや論文でなぜ特定のテーマをとりあげたのか，何をしようとしているのか，どういう結論に達したのかを説明するパラグラフです。とりあげたテーマについての筆者の問題意識，論証の方法，論証の結果などをまとめたパラグラフ，と言い換えてもいいでしょう。テーマについての背景説明や問題意識から始めて，問題提起や論証結果の報告にいたります。長い論文の場合は，ひとつのパラグラフで背景説明と問題提起をするのは難しいので，いくつかのパラグラフに分けてもかまいません。

これだと，レポートや論文を最後まで読まなくても，最初のひとつまたは複数のパラグラフで全体の趣旨がよく理解できます。

第二の「逆漏斗型」のパラグラフは，「漏斗型」とは逆に，最後の結論部分に適します。まず結論（論証の結果）を述べて，それを補足説明する，あるいは論文の問題点などに言及する，というのが逆漏斗型のパラグラフです。

大半のパラグラフは、これら2種類のパラグラフの間の第三の種類です。まずこれから述べることをトピック・センテンスで要約し、あるいはこれから述べることに問いを発して、それに続くセンテンスでさらに詳しく説明し、あるいは問いに答えます。要約（あるいは問いかけ）＋補足説明（回答）という形です。台形型のパラグラフと言えます。

つなぎのパラグラフ　ただし、ときには、パラグラフとパラグラフを接続する役目を果たすパラグラフもあれば、少したちどまってこれまでの論点を整理してみるパラグラフもあります。このようなパラグラフには、必ずしもトピック・センテンスは必要ありません。

また、単調さを避けるために、パラグラフは長さにバラエティをもたせ、末尾の言葉も「である」「だろう」「あった」などと変化をつけた方が読みやすいでしょう。

以上の点を図式化すると、次ページの図3-1のようになります。

起承転結　ところで、漢詩には「起承転結」という形式があります。第一句で詩意を起こし、次にそれを承（う）け、第三句で意を転じて発展させ、最後の句で結ぶ、というのがよい漢詩の条件だというわけです。

日本語の文章も起承転結にしたがうべきだ、と書いた本がたくさんあります。しかし、その大半は文学者が書いたか、参考にすべき用例として文学作品を多く引用したものです。

起承転結は、随筆とか詩とか短編小説ならまだしも、レポートにはあまり役にたたないと考えた方がいいでしょう。同様に、雅楽の調子（緩急高低）を表わし、能や人形浄瑠璃の脚本の基本構成とされる「序破急」も、レポートには不適切です。

レポートの構成

授業の課題として要求される読書レポートや調査レポートと、学位をとるのに必要な卒業論文や修士論文とは、基本的に性格が異なるので、ここでは前者をレポート、後者を卒業論文と修士論文とに分けて、説明します。

卒業論文や修士論文（および本）は、あとで述べるように、次の3部分で構成されます。

レポートの構成　55

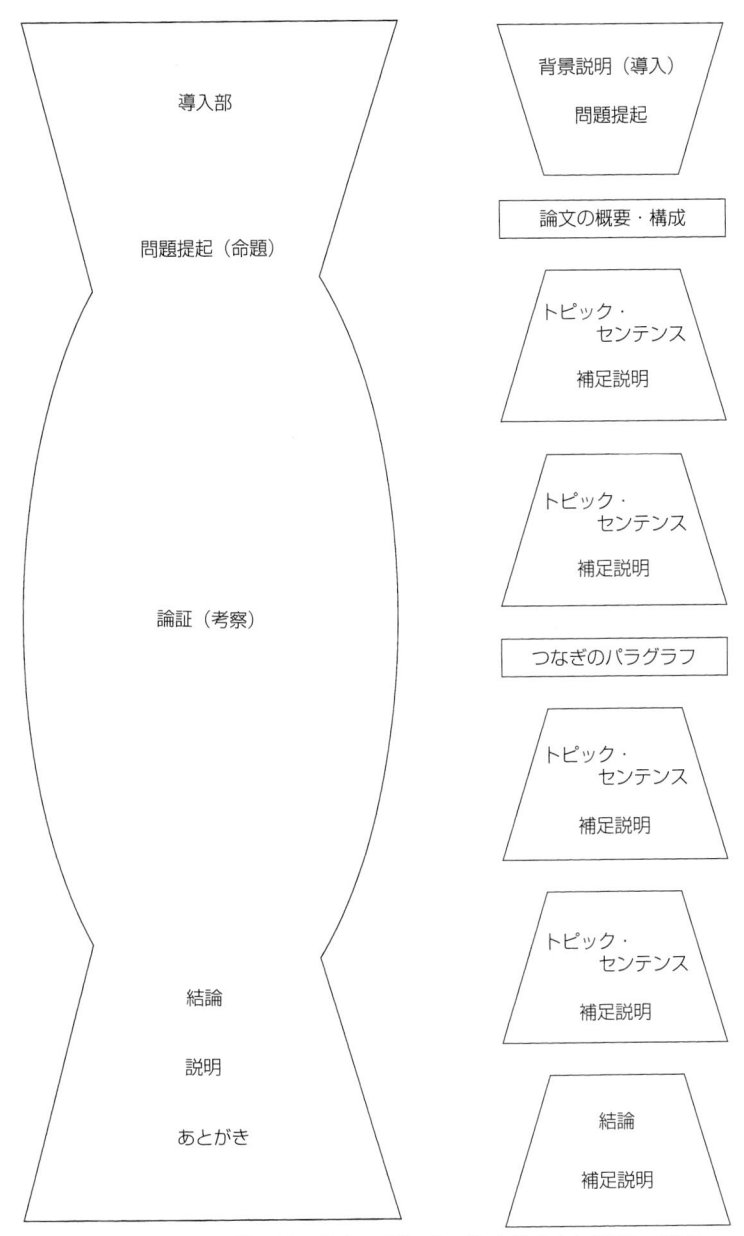

図 3-1　論文の構成（Sheridan Baker, *The Practical Stylist* を参照して作成）

左側（全体構造）:
- 導入部
- 問題提起（命題）
- 論証（考察）
- 結論
- 説明
- あとがき

右側（パラグラフ構成）:
- 背景説明（導入）／問題提起
- 論文の概要・構成
- トピック・センテンス／補足説明
- トピック・センテンス／補足説明
- つなぎのパラグラフ
- トピック・センテンス／補足説明
- トピック・センテンス／補足説明
- 結論／補足説明

1. 前付け(front matter, preliminaries) 表紙・表題ページ，要旨，目次，図表ページ，要旨，謝辞
2. 本文(text) 序文，いくつかの章や節で構成する本文(body)，図表，注釈(脚注や後注)
3. 後付け(reference matter) 付録(補足資料)，参考文献一覧，(必要があれば)略語や用語の解説

前付け		本文		後付け
表紙・表題ページ 目次 要旨や謝辞など	⇒	本文 図表 注釈	⇒	補足資料 文献一覧

図 3-2　論文の構成

レポートの構成は，次のようにしたらよいでしょう。

1. 表題ページ
2. 本文(はじめに，本題，結論)
3. 注および引用文献

表題ページ		本文 図表* 注釈*		補足資料 文献一覧*
	⇒		⇒	

*レポートによっては要求されない。

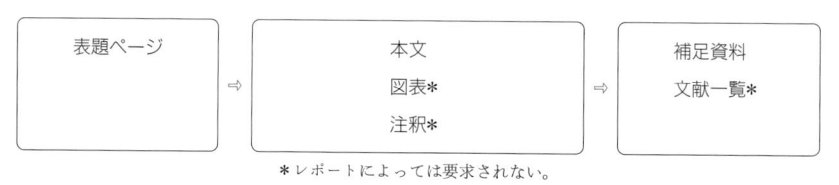

図 3-3　レポートの構成

　たとえば400字詰め原稿用紙5枚程度の短いレポートでは，表題を1ページ目に書いたり(表題ページは省く)，注や文献一覧を省略することもあります。また卒業論文や修士論文以外の学術論文では，学位論文のような詳しい序文は不要です。ただし，研究の趣旨や方法を，簡単に述べた方がいいでしょう。

①**表題ページ**

表題　何についてのレポートなのかという題目（タイトル）です。できるだけレポートの内容や目的が一目で分かるように，簡潔かつ具体的に書くようにします。1行目に主題，2行目に副題を書く場合もあります。読書レポートの場合は，書名または本の主題を表題にしてもかまいません（第七章参照）。

所属・氏名　全学的な授業なら学部や学年も書いた方がいいですが，同じ学部の小さな授業なら氏名だけでも十分です。

②**本文**

「本文」の基本構成は，「はじめに（序文）」「本論」「まとめ（結論）」です。本文は，文章だけではありません。ときには，図表，写真，地図，新聞切り抜き，映像テープ，音声テープ，標本なども本文の一部になります。また，参照した資料を示したり補足説明をする場合は，できるだけ「注記」を入れます。

はじめに　読書レポートなら本の主題（テーマ）や目的，調査レポートや研究レポートなら調査や研究の狙い（たとえば事実関係の説明や報告なのか，検討あるいは検証なのか，ある問題についての解明なのか）を説明します。できれば，この部分を読めば，レポート全体の要旨や趣旨が分かるようにします。この部分は，本格的な論文では「序論」に相当します。

説明・論述（本論）　次に，読んだ内容や調べた結果を説明あるいは議論します。本格的な論文で言えば，「本論」あるいは「論証」にあたる部分です。ここでは，前もってしっかりと論点を整理し，それにそって説明または論証していくことが重要です。パラグラフごとに論点（要点）を説明し，あるいは議論を展開すると，論旨のはっきりした（筋道の通った）明快なレポートになります。あくまでテーマにそって論じ，横道にそれないように気をつけます。

まとめ（結論）　これまで説明し，あるいは議論してきたことをまとめ，ときにはレポートの問題点や今後の課題について述べます。読書レポートの場合，批判や感想があれば，ここで書いたらいいでしょう。

結論は，あくまでこれまでの説明と論述にもとづいて書くようにします。いわゆる「序論」や「本論」で触れなかったこと，論旨と関係のないことを書いたり，「すべきである」「期待したい」「ではないだろうか」「今後の動向に期待したい」といった，意見や主張を述べるべきでもありません。レポートは，評

論文ではないからです。「すみません。うまくまとめきれませんでした」といったコメントも控えるべきです。事実にもとづいて分析し、それをできるだけ主観をまじえないで、つまり論理的に文章化すればいいのです。

文献一覧　　必要があれば、最後に統計などの補足資料や面接質問票、参考文献一覧などを載せます。

文章構成の例

文章構成の例をあげますので、上記の説明と照らしあわせながら読んで下さい。

例1

表題	友とするにわろき者
主題（命題）	友とするにわろき者、七つあり。
論点第一	一つには、高く、やんごとなき人。
論点第二	二つには、若き人。
論点第三	三つには、病なく、身強き人。
論点第四	四つには、酒を好む人。
論点第五	五つには、たけく勇める兵（つわもの）。
論点第六	六つには、虚言（そらごと）する人。
論点第七	七つには、欲深き人。

吉田兼好の『徒然草』第117段の前半部分です。結論（このような人は、自分の友とするのにふさわしくない）が省略されているのを除けば、きちんとした骨組みによって、理路整然とした文章を構成しています。箇条書きした部分（一つには……。二つには……。）がトピック・センテンスです。ひとつひとつのトピック・センテンス、たとえば、なぜ「やんごとなき人」は友としてもちたくないかを具体的に説明すれば、もっと長いレポートになります。次はその例です。

例2

表題	米国のホームレス問題の原因
導入説明	アメリカでは、ホームレスは深刻な社会問題だ。レーガン政権になってから社会福祉予算が削られたので、ホーム

問題提起	レスはさらに増えたといわれる。アメリカでホームレスが多いのはなぜだろうか。ホームレスが増えると、どういう社会問題が発生するだろうか。社会福祉予算の増減とホームレスの増減は、どのような関係にあるのだろうか。
論点第一	アメリカでホームレスが多いのは、第一に、借家人や居住者の権利と貸家人と居住者や債権者の権利とが対等だか
補足説明	らだ。日本では、家賃や住宅ローンが払えなくとも、借家人や居住者の権利が手厚く保護されているので、ただちにホームレスになることはないが、アメリカでは借家から追い立てられたり、住宅を競売に掛けられたりして、たちどころにホームレスになる。
論点第二	第二が、失業が発生しやすい労働構造だ。日本では、労
補足説明	働組合が企業別なので、労働者は配置転換や人事異動に耐えれば失業をある程度は回避できるし、企業も業種転換を前提に、多角化や業種転換で需要や産業構造の変化に対応しやすい。これに対して、アメリカでは労働組合が職種別なので、職種による人手の過不足が生まれると、配置転換では調整されずに、過剰な職種の大量失業と不足する職種の突出した高賃金という両極端を併存させることになる。
論点第三 補足説明	第三が、離婚認定における破綻主義だ。アメリカでは、結婚生活が破綻状態にあれば、破綻の原因を作り出した有責配偶者の側からでも離婚を請求でき、認められる。このため、有責配偶者が慰謝料や扶養料の支払いを怠ると、離婚した元専業主婦が、家賃や住宅ローンを払えなくてホームレスになることが多い。
結論	80年代のアメリカのように、住宅価格が上昇し、社会福祉予算が削減されると、ホームレスは増加する。ホームレ
補足説明	スが増えると、不幸な人々が増えるだけでなく、社会的にも治安や都市衛生や都市美観や人的資源を維持するために、別の予算を増やさざるを得ない。

この文章は、ジョナサン・コゾル著(増子光訳)『家のない家族』に関する小沢雅子の書評(『朝日新聞』1991年4月28日)に少し手を加えたもので、これも比較的

に短いレポートの例です。命題→論証→結論という形になっているだけでなく，各パラグラフががトピック・センテンスで始まっていることに注目して下さい（「命題」については，次章で説明します）。結論が，論証した結果を受けて説明を加えているだけで，「……すべきである」「……望みたい」といった評論的意見を述べていないのも，学生のレポートに参考になるでしょう。アメリカと日本の違いを対比させながら論じているのも，見事です。

　やや長いレポート　　上記の文章は，原稿用紙10枚以下のレポートの例です。このように短いレポートでも，「はじめに（序論）」「論述（本論）」「まとめ（結論）」と分けることによって，整然としたレポートになります。

　とくに原稿用紙10枚以上のレポートの場合は，「本論」をいくつかの大項目や中項目ごとに箇条書きしておけば，全体像がはっきりしてまとめやすくなります。大項目は中見出し（本格的な論文では章）として使ったらよいでしょう。

4章　卒業論文と修士論文

　大学によって卒業論文(卒論)を課すところと，そうでないところがあります。選択制にしている大学もあります。卒論が求められる場合，通常は3年次の末か4年次の初めにテーマを決めるようです。修士論文(修論)は，一部を除いてほとんどの大学院で学位授与要件にしています。

　卒業論文　卒業論文を課す大学は少なくなりましたが，それでも一部の大学では卒業論文を提出しないと卒業できません。卒論の是非はともかく，何らかのテーマについて問題意識をもって調べ，その結果を論理的にまとめるという作業は，研究者や文筆家でないと，大学や大学院以外にやる経験はほとんどありません。図書館や現地調査で資料を集め，それを分析し，論証するという作業は，たとえ研究者をめざす人でなくても，のちのち大いに役だつはずです。
　卒業論文は，すでに述べた調査レポートや研究レポートの延長，と考えたらいいでしょう。調査レポートや研究レポートがある授業の課題として書くのに対して，卒業論文はこれまでの何年間の学習や体験をふまえ，自分の専攻分野で関心をもったテーマについてさらに調査・研究して書きあげます。通常は，ゼミと呼ばれる勉強会形式の授業に参加して，専攻分野の担当教員の指導を受け，まず卒論テーマ(提案書，計画案または要旨)を提出したあと，およそ1年間リサーチをして論文を仕上げる，ということになります。提案書や要旨には，研究テーマ，研究の目的と方法，関連資料などを，できるだけ具体的に書きま

す。論文の分量は，一般に，400字原稿用紙で50枚から100枚程度のようです。中間発表を求める大学もあります。

修士論文　大学院の場合，ほとんどが修士論文や博士論文を要求しているようです。修士論文が卒業論文ともっとも違うのは，内容的により高度であるべきなのは当然ですが，いっそう独創性（オリジナリティ）が要求されるという点でしょう。たとえば，できるだけ一次資料を用い，ときには現地調査をおこない，他の研究者によるこれまでの研究をさらに発展させ，あるいは新しい分野を研究することが求められます。当然ながら，卒業論文より厳しい研究方法，高い実証性（文献や調査による裏づけ），高い専門性などが要求されます。分量も，卒業論文の2倍またはそれ以上，ということになるでしょう。修論は，通常，口頭発表に加え，2人以上の教員による審査を受けます。口頭発表では，審査員や他の出席者からの質問に答える（論拠や考え方について弁護する）必要もでてきますので，周到な準備を要します。

提出期限の厳守　卒論や修論のテーマ（提案書）および論文そのものの提出には，厳しい期限がつけられています。数分でも遅れると，受理されない場合もありますので，とくに注意が必要です。できるだけゆとりをもって提出することをお勧めします。

問題設定と仮説

テーマ　テーマについては，すでにレポートのところでふれましたが，卒論や修論でも，大きすぎるテーマだけでなく，ことがらの是非や善悪を問うようなテーマ，漠然としたテーマ，流動的なテーマ，予測不可能なテーマ，資料入手や調査がきわめて困難なテーマは避けるべきです。

仮説と命題　卒業論文や修士論文では，「命題（thesis）」や仮説にもとづいて論じることが重要になります。論文は何を論じようとしているのか（問題）を設定し，その答えまたは仮の説明（仮説）を提示するのです。

たとえば，J・S・ミルが『女性の解放』（岩波文庫）を書いたのは「女性の男性に対する法律的隷従は誤りであり，完全な平等が実現されなければならないということを，証明する」ためでした。政治社会学者シーモア・マーティン・リプセットが『国民形成の歴史社会学——最初の新興国家』（未来社）を書いた目

的は「『米国特殊主義』……の問題と安定した民主主義のための条件……という二つの重要テーマを追究する」ことにありました。言語学者Ｓ・Ｉ・ハヤカワは,「ハッキリと考えることを学び,より効果的な話し方・書き方を学び,聞いたり読んだりしたことをよりよく理解することを学ぶ」という「言語学習の目標」に「意味論の方法をもって迫ろう」という目的で,『思考と行動における言語』(岩波書店)を書きました。

フランシス・フクヤマが『歴史の終わり』(三笠書房)を書いたのは,「二十世紀も終わりを迎える現在,人類の大部分を結局はリベラルな民主主義へ導くような一貫した方向性のある『歴史』についていま一度語ることが,われわれにとって意義あること」かどうかという疑問に,解答を求めるためでした。入江昭は,日本が,なぜ1940年代初めに「列国の……共同戦線を招くまでに至ったのか」を「究明する」ために『太平洋戦争の起源』を書いたそうです。このように,まず研究の目的や意図を明確するのは,きわめて重要です。

問題設定の方法　問題設定の仕方は,いろいろな形をとりえます。多くの場合は,以上のように,ある命題をたてて問題や事実関係を「解明」「証明」「追究」「考察」「究明」しようとし,あるいは仮説をたててそれを立証しようとします。研究論文の多くは,このように事実の探求や解明を目的とします。ある事象や状況について観察し,その結果を分析して理論化する場合や,「社会調査」のところで述べたように,統計的な手法を使って仮説を証明しようということもあります。

どういうアプローチをとるかは,研究者の意図,研究対象,研究の性格などによって異なります。学会誌(たとえば,日本国際政治学会の『国際政治』,日本社会心理学会の『社会心理学研究』,日本マスコミュニケーション学会の『新聞学評論』,日本アメリカ学会の『アメリカ研究』,日本民族学会の『民族学研究』)に掲載された研究論文を参考にしたらいいでしょう。

命題　命題とは,簡単に言えば,これから議論する問題の論点を述べたものです。たとえば戦争について,「戦争は人間性の一部であり,対内的には連帯,対外的には力の均衡の維持に役立つ」(ホッブス),「戦争は人間性には存在せず,対内的連帯と対外的力の均衡のために国家が発明した」(ルソー),「戦争は(以上のような役割とは関係なく)人口減少という大きな役割を果たす」(マル

サス),「戦争は人間の進歩に役立つ」(スペンサー), といったのがそれぞれの研究者の論理的帰結, すなわち命題です。

仮説　英和辞典で hypothesis をひくと,「1 仮説, 仮想説, 臆説。2 a (議論または条件文の)前提, 仮定。b (条件命題の)前件。3 (行動の基礎として用いる)仮定, 推量」とあります。形容詞は hypothetical, 動詞は hypothesize です。百科事典によれば, 仮説とは「ある自然現象または社会現象の観察や実験の事例から, 現象を説明し, あるいは法則を見出すために設けられる基本的な仮定」(『ブリタニカ国際大百科事典』)です。「他の事例の観察や十分に選択された条件下での実験により検証されるその仮説は, 検証結果が可であれば法則として認められ, 否であれば修正ないし廃棄され, 新しい仮説に取り替えられ」ます(同)。仮説とは, まだ理論とか法則として確立されて(定説になって)いないが, 論理的に説明しうる説, と言い換えてもよいでしょう。

　仮説は, あることがらの間に因果関係または相関関係があるかどうかを統計的に研究する場合に便利です。喫煙と肺ガンの関係, 教育と社会的地位の関係などが因果関係の例です。社会学者のデュルケムは自殺率とエゴイズムの間に正の相関がある, という仮説から, 自殺の理論を導いたと言われます。心理学では血液型と性格の間に相関関係があるという仮説が立てられたりしますが, 論拠がないとして否定されています。言語学, 文化人類学, 経済学, 考古学, 遺伝学などで仮説をめぐって論議されることがあるのは, 皆さんもご存知のことと思います。論を展開するために仮につくっておく仮説を作業仮説(working hypothesis)と言います。たとえば, 阿部謹也は,「世間」について「個人個人を結ぶ関係の環であり, 会則や定款はないが, 個人個人を強固な絆で結びつけている(もの)。……何となく, 自分の位置がそこにあるものとして生きている(もの)」という作業仮説を設定したうえで,『「世間」とは何か』を書いています。

モデル　「直感的に理解の容易な, ないしは操作可能な形に近い体系」や「原型の写像」(関　寛治・犬田　充・吉村　融『行動科学入門──社会科学の新しい核心』), あるいは「理論のひとつの解釈を表し」たもの(『社会学辞典』)がモデルです。『行動科学入門』に紹介されている, モデルの機能に関するタルスキー(Alfred Tarski)の分類を見ると, モデルの意味がより鮮明になるでしょう。

　タルスキーによれば, ①理論形成(theory formation) ②単純化(simplification）③還元（reduction）④拡大（extension）⑤十全化（adequation）⑥説明（explanation）⑦具体化（concretization）⑧全体化（globalisation）⑨行動（action）⑩実験（experimentation）がモデルの機能だと言うのです。別の言い方をすれば，このような目的をもって利用されるのがモデルというわけです。

モデルのもっともわかりやすい例は，複雑な現象を数式化したもの（単純化）や，数式を平面座標に示したもの（十全化）です。社会科学でも，神経系モデル，紛争モデル，均衡モデル，帝国主義モデル，経済発展の日本モデルなどのように，「原型の写像」が使われる場合があります。

モデルは，いわば社会的現実を行動科学的に，すなわち数学的理論や論理的同一性を想定して説明しようというものです。論理的に定式化するという点はいいのですが，現実を過度に単純化してしまう危険性もあります。「比喩」が実態を完全には表現できないように，モデルも現実（あるいは原型）に完全に対応できるとはかぎらないからです。したがって，理論形成や説明に便利ではありますが，だからといって安易に用いるべきではありません。

論文の構成　すでに述べたように，卒業論文や修士論文（あるいは本）は，大きく，次の3部分で構成されます。

1. 前付け（front matter, preliminaries）　表題ページ，要旨，目次，図表ページ，要旨，謝辞
2. 本文（text）　序文，いくつかの章や節で構成する本文（body），図表，注釈（脚注や後注）
3. 後付け（reference matter）　付録（補足資料），参考文献一覧，（必要があれば）略語や用語の解説

心理学や社会学では，観察・面接・実験などによって科学的データを収集し，その分析にもとづいて論文（研究報告）を書く場合，論文のパターンがあります。研究題目，要約（アブストラクト），目次に続いて，問題（研究の目的，主題，問題提起，研究の意義），実験や調査の具体的な方法，得られたデータとその分析の結果，当初の仮説を支持しているかどうか，実験や調査から得られる結論や理論的意味，反省点などを吟味する考察の順序でまとめ，必要があれば結語（まとめ）を加えるのです。

付録というのは，読者の利用に供するためにつけるもので，本文に関連して

いるが，そこにふくめるには不適切と思われる資料です。たとえば，本文でふれた演説の全文，研究者の調査日程表や調査地点の地図，統計表などです。本文と強い関係があれば，本文に入れるべきでしょうが，読者の参照に役だてるという程度であれば付録として扱う方がよいでしょう。

前付け

表題　　表題ページには，下の図に示すように，論文の表題，筆者名と所属する大学および学部（または研究所や組織），説明（修士論文，○○学会における報告など），発表時期を明示します。表題は，全体像を簡潔かつ適切な言葉で表現するものでなければなりません。論文の「顔」とも言うべき表題ページは，文字の大きさ，字体，配置などにも気を配って作成します。

```
オーストラリアの移民受け入れ政策
 ―対外貿易との関連性において―


      修士論文




      山方清二
    谷川大学大学院

     1998年3月
```

図 4-1　表題ページ

要約　　要約（要旨，摘要，概略）は，論文の内容を短く説明したものです。その性質から言って，通常は論文を書きあげたあとでまとめます。長さや形式は大学や発表機関（学会や研究誌など）によりますが，原稿用紙で数枚以内にとどめる方がよいでしょう。数十枚程度の研究論文ですと，400字以内の概要が求

められることもありますし，要約が不要の場合もあります。

　審査の対象となる論文については，審査員の便宜のために，また研究誌向けの論文については読者の便宜のために，最初に要約をつけた方がいいでしょう。要旨は，筆者にとっても，論文内容に矛盾点がないか，論旨がかみあっているかどうかを再確認するうえで重要です。要旨を別冊にして論文に添付するか，論文の最初につけるかは，それぞれの大学や研究機関によります。

　また，学術雑誌では，コンピューターなどによる検索の便宜のために，論文のキーワードを示すことが要求される場合もあります。

　署名欄　学位論文のような審査の対象になる論文の場合は，審査員の数だけ署名欄も必要でしょう。その場所や形式については，それぞれの大学の担当部署に確認して下さい。

　まえがき・謝辞　研究論文は，多くの場合，直接・間接に多くの人の協力なしではまとめられません。まず多くの先学の研究の世話になります。手紙や口頭で，貴重な情報や示唆を提供し，問題の所在を教示してくれる人もいるでしょう。図書館や公文書館や研究機関は資料の所在や閲覧などについて相談にのってくれるはずです。フィールド調査では，その準備から聞きとり，観察，記録の整理にいたるまで，多くの人の世話になります。研究のために助成金をだしてくれる機関があるかもしれません。発表に先だって論文を読み，間違いや矛盾点や不明箇所を指摘してくれる人もいるはずです。

　研究を進め，論文をまとめるにあたって世話になった人々がいたことをことわり，協力してくれた機関や人々の名前を記すのは，研究者の礼儀と良心と言ってもよいでしょう。これが，いわゆる謝辞です。

　ただし，謝辞の対象は，あまり広げるときりがないだけでなく，ときによって読む人を困惑させます。したがって，主要な機関や人々に限るべきでしょう。名前の公表によって迷惑がかかるおそれのある機関や人々については，そのための配慮が必要なことは言うまでもありません。一般に，原稿用紙数十枚程度の研究論文ですと，とくに世話になった機関や人を最初のページの脚注で一，二あげるだけでよいでしょう。もちろん，あげる必要のない場合もあります。

　目次　原稿用紙数十枚を超える論文には，目次をつけた方がよいでしょう。目次は，論文に収める主要項目を並べ，ページ番号を付したもので，論文の基

本的な骨格を示す案内図と言えます。上記の要旨や謝辞，各章の表題，文献一覧，図表一覧，索引がそこに入ります。ページ番号は，要旨と謝辞（あるいは目次まで）についてはi〜xii，序文以降は1〜200，というふうに書き分けた方がよいでしょう。図表が多い場合は，その目次も別につくります。

　各章は，いくつかの節に分けられますが，目次に各節の表題までふくめるかどうかは，論文の内容や長さによります。筆者が必要と判断すれば，目次に節の表題をあげてもかまいません。

序文

　本文では，具体的な研究内容を論述する前に書かなければならないことが，いくつかあります。これは，「序文」とか「はじめに」といった表題でまとめたらよいでしょう。本格的な論文の序文では，研究の目的や趣旨，研究方法などに加えて，これまでの研究（先行研究），研究の問題や制約，研究の学問的（あるいは実際的）意義，今後の研究の可能性などについても言及する必要があります。

　研究の趣旨　　研究の目的や趣旨というのは，端的に言えば，どういう問題意識をもって研究をおこなうのか，ということです。研究はただ研究のためにおこなうのではありません。ある課題や事象を研究対象に選ぶには，それなりの理由や動機が必要です。もちろん個人的趣味あるいは興味にもとづく研究であってもかまいませんが，論文が発表を前提にしている以上，自己満足だけのための研究であってはなりません。研究テーマも研究目的も，その必要性あるいは必然性が学問的（あるいは現実的）にある程度の説得力をもっていることが大事です。研究者は，自分の研究テーマと研究目的について，たとえ学界や社会全体とは言わないまでも，所属機関，審査員，助成機関，発表機関などを説得する義務があるからです。

　もちろん，研究が何らかの意味ですぐに役だつ，すなわち実用的・功利的である必要はありません。一見現実と関わりのない研究のなかから，すぐれた発見や理論が生まれることは少なくありません。要は，研究目的がはっきりしていて，しかもそれが説得力をもっているかどうかです。

　先行研究　　研究の目的や趣旨を述べたら，次は先行研究，研究方法，研究

手順などを明確にする必要があります。自らがおこなう研究の分野で、これまでどういう視点(あるいは方法)で、だれがどのような研究をしてきたのかを把握することは、研究者自身にとってきわめて重要です。

　先学とまったく同じテーマについて同じ手法で研究するのは、多くの場合は時間の浪費ですが、ときには確認作業という意味で重要なこともあります。その場合でさえ、新しく発見された資料やその後の研究の成果をとりいれるのが普通です。まして、確認作業のための研究でなければ、これまでの研究の軌跡を追い、事実関係や分析や結論について成果や問題点を省察し、自らが追究・解明しようとしているものをより明確にできます。また、それによって、同じテーマについて新しい理論や資料を使って別の角度から検討したり、あるいはこれまで無視されてきた問題に光をあてたりすることが可能になります。事実や真理を探求し、学問研究を発展させるというのは、そういうことでしょう。

　研究の方法と手順　　次に、研究方法や手順を示します。どのような方法と手順で研究をおこなったでしょうか。理論的研究でしょうか、それとも実証的研究でしょうか。どのような理論やモデルや仮説にもとづいて研究を進めたでしょうか。公文書や歴史資料などの一次資料の分析に重点をおいた研究でしょうか、それとも現地観察や聞きとり調査、あるいはアンケート調査を中心とする研究でしょうか。資料は、主として公的なものを使ったのでしょうか、それとも手紙や日記類に依存したのでしょうか。現地調査やアンケート調査を実施したとしたら、それはどこで、いつ、なぜ、どういう方法で、誰を対象になされたのでしょうか。分析は、どのような方法でおこなったでしょうか……。

　このように研究方法や手順を示すのは、研究の科学性や信憑性を確認するためです。社会科学や人文科学では自然科学の意味における実験や証明はできません。自然科学では、同じ環境、同じ方法で同じ実験をやれば、実験者がだれであれ、同一の結果が得られる、という前提があります。人間を扱う社会科学や人文科学ではそうはいきませんが、できるだけ研究者自身の主観や偏見を排除した、客観的な研究方法をとれば、妥当で信頼性のある研究ができるはずです。そこで、研究論文では、資料の選択、それぞれの資料の価値や信頼性、観察や聞きとり調査の際の客観性、分析方法の客観性、記述の論理性を重視して、できるだけ科学性を保とうとするのです。研究論文がエッセイ、評論、ルポル

タージュ，感想文などと大きく異なるのは，その点です。

社会科学や人文科学では，幅広い知見と経験にささえられた観察結果も，それに学問的あるいは論理的裏づけがあれば，ある程度の妥当性をもつものと考えられます。

研究の制約　いかなる研究であれ，さまざまな制約のなかでおこなわれます。論文は，こうした制約や問題にもふれるべきです。たとえば，竹山昭子は，『戦争と放送』を，「終戦時に沢山の戦時の文書が焼却されたなかで，焼却処分からまぬがれた史料をもとに記述」せざるを得なかったと書いています（「まえがき」）。公文書については，一定の時間がたたないと公開されない，という制約もあります。

これらは資料（史料）に関する制約の例ですが，現地調査における地理的・時間的・文化的制約，研究範囲を拡散したり制限したりしたために起こる内容上の制約，論文のページ数制限による量的制約，期限という時間的制約，人間的要素が強いために立証しにくいとか，たとえばロシア語を理解しないために英語の文献に依存せざるをえなかったとか，ギリシャ史のように女性による記録が無かったために偏向が生じていた（桜井万里子『古代ギリシアの女たち』），というような問題もありうるでしょう。制約があったことを認めるのは，研究が一定の条件のもとでおこなわれたことを表明するものであり，必ずしも弱点ではありません。むしろ，この研究の限界を示して今後の研究につなぐものとして理解すべきです。

当初は制約と思えたのに，結果的にそうでない場合もあります。うわさについて研究したフランスの社会学者エドガール・モランとそのグループは，うわさの発生から1か月後に現地で調査をおこないました。「うわさはすっかり解体しつくし」ている観がありましたが，それは必ずしも研究の障害とはなりませんでした。

研究の意義　序文では，研究の意義や今後の可能性についてもふれるべきでしょう。研究の意義とは，筆者が自らの研究に与えた評価です。

筆者は，資料の収集・分析，観察，現地調査，数理分析，理論的考察などによっておこなった研究が，学問（あるいは現実社会）にどう貢献するのか，あるいはどういう意味をもつのか，について説明する必要があります。多くの時間

とエネルギーを費やしておこなった研究には，それなりに意義があるはずであり，論文を読む者のためにも自ら考えた意義を述べるべきです。そのうえで，さきほどふれた研究上の制約に言及しながら，今後さらに研究すべき問題点や課題について考えを述べることも大切です。

　研究者は，ひとつの研究を仕上げる過程で，さまざまな研究課題や可能性にぶつかります。たといろいろな制約ゆえに今度の研究ではとりあげられなかったとしても，問題発見あるいは新しい問題意識そのものは貴重であり，自らの今後の研究の発展に役だつだけでなく，他の研究者にも示唆を与えます。

　まず結論を　当然ながら，論文を書く段階で，研究者は研究のテーマ，追究しようとした問題や事象，検討・分析した結果を，すでに知っているはずです。特殊なあるいは個別の事例から一般的な法則や結論を導きだす（あるいは推論する）という帰納法であろうが，一般的な状況から特殊な事象に関する結論を導きだす（または推論する）という演繹法を用いようが，すでに論証はすみ，何らかの結論はでているだろうからです。論文が「解明」「証明」「考察」「追究」「検証」または「記述」しようとし，あるいは「仮説」によって立証しようとしたことは，すでに明らかにされているはずです。

　最初に提起された「問題」や「仮説」が検証され，それについての「結論」はでているわけです。論文では，検証によって導きだされたこの「結論」こそがもっとも重要です。

　したがって，論文は，まず「問題提起」または「仮説」を述べたあと，検証結果である「結論」を書いた方がよいでしょう。論文の最終的な目的は，研究のプロセスや分析の方法を示すことではなく，研究の成果を報告することだからです。

　これは，読む者に対して親切であるだけでなく，研究者自身にとっても論理を展開するうえで良策と言えます。日本の学術論文や評論文には，途中で論旨が分からなくなったり，最後まで読まないと結論が分からないものが多いと言われますが，これは問題提起や研究の目的などとともに最初に結論あるいは研究の成果を述べることで解決します。

　全体像と「主体の変化」　問題提起とともに結論ができたら，論文は8割以上できあがったと言ってもよいでしょう。論文を書き始める段階で，資料（材

料）が揃い，すでに結論が導きだされている，ということが大事です。全体像ができておれば，なおよいでしょう。

　もっとも，文章が設計図通りに書けるとはかぎりません。むしろ，書く過程で，川喜田二郎が「主体の側の変化」と称する現象が起こることが珍しくありません。人は，書き進むうちに，新しい事実や自分自身の論理の矛盾に気づくことがあります。書くことによって「啓発」されるからです。そうした変化は歓迎すべきものであり，時間が許せば，啓発にしたがってさらに考えを進めるとよいでしょう。「考えながら書く」「書きながら考える」という過程は，「書きながら調べる」「調べながら書く」ということにもなります。

三つの例

　以上述べたことを，（すべてあてはまるわけではありませんが）文化人類学者ルース・ベネディクトの『菊と刀』，政治学者ジェラルド・カーティスの『代議士の誕生』，そして社会学者エドガール・モランの『オルレアンのうわさ』で見てみましょう。

　例1　『菊と刀』　ベネディクトは，『菊と刀――日本文化の型』（長谷川松治訳，社会思想社）の冒頭で「感謝のことば」を述べています。資料収集に関して助力してくれた在米日本人，研究課題を与えてくれた機関，原稿を読んでくれた人々に対する謝意です。これによって，読者は，ベネディクトが多くの人々の協力を得て研究を完成したことを知るわけです。

　「研究課題――日本」と題する第1章では，当時の日米がおかれていた状況，そして米国における対日理解の問題を述べたあと，文化人類学者として「日本人がどんな国民であるかということを解明する」よう米国政府（戦時情報局）から依頼を受けたと告げます。研究にいたる背景，研究の目的，および研究の性格（政府の委嘱による敵国民研究）を明らかにしたのです。一人の研究者が国民性研究という巨大なテーマにとりくむのは異例であり，またそれが政府の依頼によってなされたのも戦時という特殊な状況があってのことでしょう。

　ベネディクトは，このあと，研究の難しさ，すなわち戦争相手である対象をいかにして冷静かつ客観的に分析するかという問題，そして何よりも戦時中ゆえに現地調査ができないという問題にふれています。こうした制約のなかで，

彼女は米国に住む日本育ちの日本人から話を聞き，西洋の研究者や日本人が書き残した文献を分析し，日本映画に描かれた日本人を観察し，さらに文化人類学者としてのこれまでの知見や技術をいかして日本人を理解する，という方法をとりました。「精神の強靭さ」と「ある程度の寛容さ」という研究態度をもってのぞんだ，ということです。彼女は，日本人の「深く根をおろしている思想と行動の態度を記述する」という目標をたてて研究を進め，日本的考え方の「体系」を発見した，と書いています。

　こうしてベネディクトは，第1章で，研究の目的，性格，制約，態度，方法と過程，結論，意義を述べるのです。一般の論文では，これほど詳しく説明するスペースはないし，その必要もありません。しかし，用語の説明や先行研究の検討などが省略または簡略化されている点を除けば，『菊と刀』の「感謝のことば」と第1章は多くの示唆を与えるはずです。

　例2　『代議士の誕生』　ベネディクトの場合と異なり，ジェラルド・カーティスは現地で一人の人物に密着して調査をおこない，その結果を『代議士の誕生——日本式選挙運動の研究』(山岡清二訳，サイマル出版会)となる博士論文をまとめました。その「日本研究の魅力——日本語版によせて」で，著者は，これまでの日本研究に対する不満から「顕微鏡的アプローチ」をとった理由，政治研究における本書の意義(と彼が考えていること)，訳者や出版社への謝辞を述べます。そして「日本の選挙と私——はじめに」で，「政治体系全体の健康状態を診断する」という研究の動機，日本の「一人の政治家がどのようにしてその(有権者の支持を動員するための運動)戦略を組んだかを詳述する」という研究の目的や研究の方法，研究の過程やその成果を要約し，協力者への謝辞でしめています。

　例3　『オルレアンのうわさ』　フランスのオルレアンという町で，ユダヤ人の婦人服店から何人もの女性が誘拐されて行方不明になったといううわさについて，社会学者エドガール・モランとそのグループがおこなったいわゆる社会調査の手法は，さらにユニークでした。

　調査・分析の結果をまとめた『オルレアンのうわさ——女性誘拐のうわさと

その神話作用』(杉山光信訳,みすず書房)によれば,グループはまず予備的な調査をしたあと,事件発生後1か月たってから現地へおもむきました。そこで,手はじめに,差別反対組織の活動家や新聞記者,うわさの被害者,警官,神父などから情報を得たあと,今度は一般市民から話を聞きました。聞きとり調査の過程で,調査の「方針や戦略」をたて,「仮説をつくりまた修正し」,その後,「蓄積された資料を全員で批評し,つくられ進展させられた仮説を討論し,反省を加え」,報告書の「構成や内容を考え」ました。調査の社会学的前提は「一社会の根元的な性格から神話を明らかに」し,「社会学的な……枠組から,うわさの現象を説明」しようというものでした。「現代的な生活の世界へ,アルカイックな性格のうわさが浮かび出て,しかも人々が本気でこれを信じこみ,神話が持続し重大な結果をひきおこしたのはいかにして,ということを掘り下げる」ためです。この調査から導きだされた結論(「女性誘拐のテーマとユダヤ人のテーマ……は,出会うとすぐに二つの顔をもつ神話をつくりあげようと結合し,この神話は発展していって,潜在していた反ユダヤ的なものを有害なものに変形してしまう」)や意義,宿題となったテーマなどは「新版への序文」で,調査の動機,方法,目的,経緯,協力者については「はじめに」で説明されています。

本文 論述部分と結論の構成は,20ページの研究レポートも,300ページの論文も,数百ページの本も,基本的には変わりません。第3章「レポート・論文の構成」のところで詳しく説明しましたので,そちらを参照して下さい。引用や文献表記については,第8章で説明します。

「科学的アプローチ」と反論

本書では,詳しく説明しないで「論理的」「実証的」「科学的」という言葉を使ってきました。ここで,B・ベレルソン,G・A・スタイナー共著(南 博/社会行動研究所訳)『行動科学事典』(誠信書房,1966)の「科学的」という言葉の定義を紹介しましょう。

①手続きは公開されていなければならない。たとえば,他の有資格研究

者が研究の各段階を追試あるいは検証できることが必要である。

②定義は正確でなければならない。たとえば「攻撃的」という言葉は，明確に定義され，研究者と読者の間にいささかの誤解もあってはならない。

③データの収集方法は客観的でなければならない。データ収集は研究者の好みや偏見にもとづくものであってはならず，研究結果も偏った解釈をしてはならない。データは客観的に収集し，そのようにして集めたデータのみに基づいて研究を進めるべきである。

④諸事実は反復（再現）可能でなければならない。他の研究者が，同じ条件のもとで事実を再現し検証できなくてはならない。したがって，「芸術的な感受性」や「臨床的洞察」にのみ依存した研究は不十分である。

⑤アプローチは組織的・集積的でなければならない。科学者は，いくつかの概念によって，知識の全体を統一する（理論を樹立する）よう努める。

⑥研究の目的は説明・理解・予測にある。科学者はものごとの因果関係を証明しようとし，それができれば同じ条件下では同じ結果が生じるであろうと予測できる。

著者がことわっているように，これらは「科学」の努力目標にすぎません。とりわけ，人間を研究対象とする社会科学では，環境やある条件（変数）を制御（コントロール）することは不可能であり，たとえば上記の④や⑥は多くの場合，不可能です。著者も，人間を理解する方法として，「観察」「直感」「内省」「哲学的思考」「啓示」「創造的・芸術的表現」などを認めているのです。

臨床的観察　ところで，上記のモランは，社会学と方法論そのものに強くこだわりました。モランは，彼のグループが試みた社会学が「なにも見出さない社会学，質問票はあっても問いというものをもたない社会学，やせこけた魅力のない『専門家』の社会学」とは異なるものであることを強調しています。

モランらは，ベレルソンとスタイナーが「科学的」とは言いがたいと考えた「臨床的観察」という方法を使いました。モランは，社会学者を「臨床家」になぞらえ，社会学で自然科学の実験に相当するのが「観察＝シミュレーション」だと説明しています。この場合，観察する主体も観察される客体も，人間です。人間である以上，主観や感情を完全に排除することはできません。モランらは，

精神医のごとく，むしろ「調査者自身の主観」を生かすことにしました。しかし単なる主観的調査に堕しないよう，「調査の戦略，その自己修正，軌道の操作」を加えて，「決して均衡を失わないサーフィン乗り」のごとく自制心を保ち続けようと心がけたのです。

「臨床的観察」は，一見，ルポルタージュの方法と似ていますが，両者には根本的な違いがあります。その違いを，モランは次のように説明しています。

　　調査の場面のさなかで，方針や戦略がたてられ，仮説をつくりまたそれを修正していくという形の調査が進められていった。だから，この調査が，ハプニング的な仕方でさまざまなことを探知し，かぎ出していき，予期しもしない展開を見たことでは，ジャーナリズムのうちにあるルポルタージュにごく近い。だが，新聞にみられるこの種の記録よりもずっと体系立てて構成していること，探求の際の手法に関してもはるかに反省が加えられていること，日を追っての記事の代わりに調査者の個人的な日誌がおさめられていることなどから，ルポルタージュとは区別される。また調査グループの内部で行われた意見の交換，交わされた批判や自己批評による修正に大きな比重が与えられていること，さらに，調査と報告草案を作成するまでの間，必要な反省のためついやされた相当の時間からいっても，ルポルタージュとは区別される。……私たちの企てたことが，たんに出来ごとを生じさせるよう刺激原因となったものを探るだけでなく，調査の戦略，その自己修正，軌道の操作などを含めた……。この意味で，私たちの調査は新聞のルポルタージュと区別されるとともに，よくある標準的な社会学調査からも区別される。(「はじめに」)

すなわち，現地調査にもとづいて読者の興味をひき，あるいは一般大衆の人間的共感を呼ぶように組み立てられるルポルタージュと異なり，学問的調査には調査の体系化，調査方法の厳しい点検，相互批判，自己批評，調査戦略の再検討といった，厳格さが要求される，ということです。

研究者の立場　　ドイツ中世史の専門家・阿部謹也は，別の立場から日本の社会科学における「客観的」手法に異議を唱えています。

阿部は、「私は社会科学といわれる学問の世界に比較的ながく身をおいてきたにも関わらず、その叙述の形や概念になじむことができなかった。……率直にいってしまえば、いわゆる社会科学の作品といわれるものの多くには、著者の私という立場がはっきりしないものが多いのである。たとえば日本の現代社会の現象を取り上げて研究し、分析する場合がある。そのような場合、著者がなぜその現象を取り上げるのかが十分に示されていなくても論文としては認められ、理解されているように思われる」、と言うのです（『「世間」とは何か』）。

　阿部によれば、ヨーロッパでは、学問の根底に「共通の哲学と神学」「共通の世界観」があります。そのために、客観的な形式（「自己から切り離された形」）をとりながらも、実は叙述のなかに自己を示すことができます。ところが、「わが国においては著者の哲学にも世界観にも共通の基盤」がなく、社会科学者は日常的には「古来の世間の意識で暮らしてきた」ため、学問の形式だけ西欧を模倣しただけだ、と阿部は主張しています。個人（自己）が確立していない日本で、形だけ「自己から切り離した」という形式をとる方法に、違和感を覚えているのです。

　阿部の主張は、必ずしも「客観性」を否定したものではなく、「客観至上主義」あるいは表面的なヨーロッパ追随への批判と受けとってよいでしょう。「客観性」さえ整えばよいという自己埋没型の研究、研究の内発的理由を明らかにしない「研究のための研究」、学界（世間）に対して遠慮がちな研究などに対する批判です。傾聴に値する意見と言えるでしょう。

5章 レポート・論文の文章表現法

　レポートや論文には，ふたつの目的があります。ひとつは調べた内容，あるいは研究した内容をまとめる，ということ。もうひとつは，それをだれかに読んでもらう，ということです。せっかくレポートや論文を書いても，だれかに読まれなければ意味がありません。読まれることを目的としている以上，理解できるように書く必要があります。しかも，人の心に訴えるエッセイや小説ではありませんから，書いた人の考え方がそのまま読む人に伝わるように書く必要があります。この点を念頭において，本章ではレポートや論文における用語や文章表現法について述べます。

表現
　文体　　ここで文体というのは，「です・ます」調にするか，「だ・である」調にするかということです。本書は，できるだけ読みやすいように「です・ます」調で書いていますが，レポートは一般に「だ・である」調で書きます。レポートは，できるだけ飾らず，簡潔で客観的な表現を使って書くべきだというのが，その理由です。スペースを節約するという効果もあります。

　平明な言葉　　レポートや論文は，できるだけ平明な言葉と正しい文法で書くようにします。そうでなければ，言葉の本来の目的であるコミュニケーションが妨げられてしまうからです。平明とは，「平易」すなわち「分かりやすく」，「簡明」すなわち「はっきりしている」という意味です。

もちろん表現の難易度には個人差があります。執筆者がそれほど難解と思わない言葉でも，読む人によっては理解できない場合もあるでしょう。あまりに平易を意識しすぎて，説明過剰におちいる危険もあります。大学生のレポートは，一般大衆向けに書くわけではありませんから，表現を週刊誌なみに柔らかくする必要はありません。研究レポートや論文という以上，専門用語の使用は当然です。しかし，難解すぎて，一部の人だけに通じる「業界用語」になったり，何度も術語辞典などで確かめなければならないのも困ります。古い文献や難しい言葉で書かれた文献を引用する場合とか，他に適当な表現方法がない場合などは仕方がありませんが，自分自身でもよく理解できない，不必要に難しい漢字や言いまわしを使うのは避けた方がよいでしょう。

　要は，レポートや論文にも読者（たとえ担当教員だけだったとしても）が存在するという当然の事実を念頭において，他人にも理解できる文章や用語で書くよう努力する，ということです。

　簡潔な表現　　表現は，冗長にならないようにします。たとえば「強く述べる」は「強調する」，「日本とアメリカの間における経済摩擦」は「日本とアメリカの間の経済摩擦」または単に「日米経済摩擦」，「アメリカ人と日本人の違いは，やはり大きい。アメリカ人と日本人について，それぞれの行動からその違いを考えてみた」は「アメリカ人と日本人の行動の違いについて考えてみた」と書けば，より簡潔になります。「中東危機が勃発してから3か月近くたった。約3か月たった今でも……」の「約3か月たった今でも」は，省略した方がよいでしょう。

　修飾語と被修飾語　　修飾する語（部分）と修飾される語（部分）は，できるだけ近づけるようにします。「伝統的男女の性別役割分業」の「伝統的」は「男女」ではなく「役割分業」にかかるので，「男女の伝統的な性的役割分業」とします。「さらに大きな改革を必要としている」は，「さらに大きな」なのか「さらに……必要」なのかをはっきりさせます。「地球の環境改善がさかんに国際的に唱えられている」は，「国際的にさかんに唱えられている」の方が分かりやすくなります。「日米の米に対する市場開放に関する問題」は，「コメの市場開放に関する日米の問題」のように「日米」と「問題」を近づけることによってかかり具合がはっきりします。

また,「30億の民と文化」は「30億の民とその文化」,「30万の派兵」は「30万の兵士の派遣」,「カネだけでなく汗をかく」は「カネを使うだけでなく,汗をかく」としないと,正確さに欠けます。

　受動態　ひとつの文に能動態と受動態が混じっている場合も,注意を要します。「日本では子供を育てることに生きがいを感じられていない」は,「人々が→育てる」と「生きがいが→感じられていない」という関係をはっきりさせて,「人々は……育てることに生きがいを感じていない」とすべきでしょう。一般に,文はできるだけ能動態で書いた方がすっきりします。「対日批判記事が載せられている」「社会全体が影響を与えられた」「……にとって代わられた」は,「対日批判記事が載っている」「社会全体に影響を与えた」「……にとって代わった」のようにした方が,読みやすくなります。

　原文の引用　文献から語句や文章を引用する場合は,古字や旧漢字,言いまわし,原著者の間違いや誤解をふくめて,できるだけ原文をそのまま使うのが原則です。一部でも変えたら,〔新字体・新かなづかいに改めた〕のように注記します。引用については,改めて詳しく説明します。

　敬語　レポートや論文では,「○○先生が書かれた本」「……氏は,次のように述べられた」のような敬称や敬語を使う必要はありません。敬称や敬語には書き手の主観が込められていると考えられるからです。学生といえども,レポートを書く際には一人の研究者として,権威や肩書に左右されない,という基本的な姿勢を貫くべきです。

　独断的表現　世のなかには,そう簡単に断定できるものごとはあまりありません。たとえば「団塊の世代はブランド志向である」「米国の対日政策は一方的である」「農薬は百害あって一利もない」「日本人は人種問題について無知である」「経済先進国が途上国を援助するのは当然である」といった書き方は,ものごとを単純化しており,説得力がありません。きちんとした事実や論理の裏づけがなければ,こうした言い方は避けるべきです。

　主観的表現　同じように,「外国人労働者を受け入れるのが悪いことだとは思わない」「雑談になるが,次のような話を聞いたことがある」「○○はこのように述べているが,私も同意見である」「私の村では……」「私の記憶では……」「私が見るかぎり……」というような,個人的な感想や意見,個人的な見聞に

もとづく記述は，客観性に欠けるため，研究レポート（観察記録を除く）には不適です。感情に訴える文学的表現も，避けた方がよいでしょう。

社会科学や人文科学では，資料や言葉の選択あるいは分析から完全に主観を排除するのは困難です。しかし，できるかぎり客観的（objective）で，対象から距離をおいた（detached）態度に徹するよう努力することは可能です。レポートが感想文と異なる最大の点は，この客観性にあります。

論理性

レポートは，たとえて言えば，裁判所の判決文のようなものです。まず主文で判決を言いわたし，事実と争点，そして判決理由を具体的，論理的に説明するのです。内容は，できるだけ抽象的で非論理的な点，裁判官の一方的な思想や感情，矛盾などがないようにする必要があります。ひとつひとつ論点をあげ，できるだけ確実な証拠にもとづいて論証しなければなりません。

しかも，検察，弁護人，被害者，加害者，傍聴人，その他の関係者に理解できる文章で書く必要があります。専門用語があっても，関係者の間で解釈が異なる，すなわち誤解される可能性のある言葉はできるだけ避けた方がよいでしょう。残念ながら，実際の判決文はきわめて読みにくいというのが相場ですが，本来はこのようにすっきりした文章にすべきでしょう。

いずれにせよ，ここで強調したいのは，リサーチはできるだけ伝聞や状況証拠によらず，確実な証拠にもとづいておこない，レポートは修飾を省き，客観的な事実にもとづいて理路整然と書くべきだということです。事実をつみあげ，できるだけ反論を許さないほど明快な論旨をもって書くのが望ましい，というわけです。

偏見と推測　米国の言語学者Ｓ・Ｉ・ハヤカワが書いているように，人は日常的に，衣装の生地や形から富や社会的地位を，焼け跡から火事の原因を，手の固さからその職業を推理します。冷戦時代には，軍備法案に関する議員の賛否からソ連に対する態度が推理できたでしょう。人は多くの場合，無意識ながら先入観や偏見（prejudice や stereotype）をもって他人やものを見ます。先入観や偏見にしたがって自分の見たいように見，聞きたいように聞く，というのが通例です。その結果，主観が混入します。

すでに知られている事実や根拠から結論を導きだす，すなわち推論する（deduce）のは，「演繹法（deduction）」として学問的に認められています。しかし，具体的な事実や根拠を示さないで単なる自分の主張を述べるだけでは，説得力はありません。それは推論というより，勝手な推察や推測にすぎない場合が多いからです。

「……ではないだろうか」「……のように言えないだろうか」「……のように考えられないだろうか」といった言い方は，自らの推論を読む者の判断にまかせようというもので，無責任です。エッセイや評論ならまだしも，研究レポートでは推測ではなく，事実にもとづいて検証した結果を示すようにすべきです。

脈絡のとれた文章　日本語の主語（主格），あるいは主語と述語の関係というのは，なかなかの難物ですが（興味のある人は三上章『象は鼻が長い』を参照），少なくとも言葉の続き具合がはっきりした文，できれば一読して理解できる文を書くよう心がけて下さい。論旨をはっきりさせるためです。

「日本語教師という公の資格がないということが教える能力のない人までもが，教師になれてしまうということが問題である」「石原慎太郎は，著書『「NO」と言える日本』のなかで，確かにアメリカ人もふくめた白人が近代をつくってきた，という自負はわかる」「カリフォルニア米は，現在では数回にわたる品種改良により，日本の米とたいして差がないほど，おいしい米を生産している」といった文章は，主語と述語の関係がはっきりせず，あるいは途中が省略されているために，意味が分かりにくくなっています。たとえば最初の文は，「日本語教師という公的資格が定められていないために，教える能力のない人でも日本語教師になれる。それが問題である」と書き換えると，はっきりします。

一般に，文は長ければ長いほど理解しにくく，前後のつながりがあいまいになります。「日本の製品がアメリカで売られ，それをよい製品と認めアメリカ人が買って，その結果として日本製のものがよく売れてアメリカ製のものが売れなくなりその会社もつぶれる」という文は，何となく分かったような気がしますが，頭が混乱しますので，いくつかの文に分けて整理します。古い法令や裁判所の判決文のように，文法的に正しくても区切りの少ない極端に長い文は，読む者を疲れさせ，「解読」に時間がかかります。他の研究者や知識人が読みな

おさなければ理解できないような文は，書くべきではありません。

読みやすい文章

　研究論文だからといって，二度，三度読み直しても理解できないような難解な文章にする必要はありません。

　米国の日本政治研究家カーティスは，前掲『代議士の誕生』に次のように書いています。「私は本格的な学術論文が，単調で退屈な文章で書かれる必要があるとは思わない……。本書を書くにあたっては，学問的な分析をジャーナリスティックな文体で表現しようとつとめた」（「日本研究の魅力——日本語版によせて」）。

　この本のもとは博士論文ですが，高度な内容であるにもかかわらず，専門外の読者にも理解できるように記述されています。この本は，学術論文が「単調で退屈な文章」で書かれなければならない理由はないし，読みやすい文体で書いたからといって論文の質が落ちるわけではないということを，実証していると言ってもよいでしょう。

　モランの本も，訳者・杉山光信の言葉を借用しますと，「社会学の著作というよりも，小説でも読んでいるかのような感じがする。ささいなことから，思いもかけぬイメージを介して，その含む深い意味を引き出してくる。厳密な概念規定にはこだわらないとはいえ，あふれるばかりの豊かなイメージは，やはりある概念枠組のなかに位置づけられていて，それなりの内容をきっちりととらえている」。高度な内容でありながら，説明文そのものに理解不可能な表現はほとんどありません。むしろ，内容は高度であるにもかかわらず，研究者だけでなく知的な一般読者にも理解できる語句や表現で書かれ，文章にも「単調で退屈」にならない工夫がほどこされているのです。

　できることならば，読者の興味をひくような，いきいきした文章を書きたいものです。作家やジャーナリストは，自らの文章を読ませるためにさまざまな工夫を講じます。論文は何万あるいは何十万という不特定多数の読者を対象とする小説や新聞・雑誌記事とは異なりますが，内容さえよければ読ませる工夫は不要だというのも困ります。

　ジャーナリスティックな文章　　不特定多数の読者を意識して書かれるのが，

ジャーナリスティックな文章です。新聞・雑誌の記事や論評，時事解説風の本，評伝などは，そういう文章です。ジャーナリスティックな文章の最大の特徴は，「興味深く読ませる」ために書かれることです。そのため，できるだけ人々の関心をひくように，事実や引用（発言や文章）が正確さを欠いたり誇張されたりします。したがって，多くの場合，学術的（アカデミックな）著述ほど，客観的な事実や論理に厳しくありません。一過性で大衆的なジャーナリズムと，できるだけ科学的（客観的）に分析しようというアカデミズムの違いです。論文でも，「興味深く読ませる」ように書く工夫は必要ですが，不特定多数の読者の興味に訴える必要はありません。もちろん，「今後の成り行きが注目される」「政府はこの事態にどう対処しようとしているのだろうか」「住民の怒りは頂点に達した」といったような，ジャーナリズムにありがちな表現は避けるべきです。

蛇足的表現　学生のレポートには，「平和な世界が1日も早く実現することを望みたい」「より効果的な対応を期待する」「反省すべきである」「日本は一層の努力をすべきである」のような文で終わるものがあります。なかには，それまで論証した内容から離れて，スローガンをかかげるレポートもあります。小・中学校での作文や感想文の最後に，「とても勉強になりました」「主人公の行動はとても立派だと思います」「胸を打たれました」「感動しました」「私も主人公のような人になりたいと思いました」のような「優等生的」言辞を書いたクセが，現在まで残っているのかもしれません。

こうしたスローガンの大半は言わずもがなのことであり，ほとんどの場合，レポートには不要です。レポートや論文は，事実にもとづいて論証するのが目的であって，感想を述べたり，批判や提言をするのが目的ではないからです。

「時間がなくて十分にまとめきれませんでした。すみません」のようなコメントも無用です。

6章　レポート・論文の言葉

　レポートや論文は，内容が読む人にきちんと理解されることが重要です。そのためには，言葉を適切に，また一貫した表記法にしたがって使う必要があります。

　適切な用語
　レポートや論文の言葉は，内容を正確に表現し，それを読む人にできるだけ正確に伝えるように，適切に使うようにします。
　　言葉の厳密な使用　　論文が客観性をもつためには，言葉を正確に使う必要があります。社会科学や人文科学における言葉は，自然科学における符号の役割をはたすからです。したがって，言葉はできるだけ共通に理解されるように，厳密に使うことが要求されます。
　　たとえば「文化」「民族」「帝国主義」「植民地主義」「ポストモダニズム」「アイデンティティ」「近代」「保守」といった用語にはさまざまな定義がありますが，このレポートや論文ではどのように定義するのか，説明しておく必要があります。そうしないと，用語が恣意的に使われることによってレポートや論文そのものが客観性を失うおそれがあるだけでなく，筆者と読み手の間に共通理解が成立しないおそれがでてきます。とりわけ，重要な用語(key words/terms)や概念(key concepts)は，定義をはっきりさせて使うべきです。
　　言葉の吟味　　言葉は，真の意味や事実関係を理解しないでそのまま使うと，

思わぬ落とし穴にはまるおそれがあります。現在では「コロンブスによる新大陸発見」という表現が使われなくなりましたが，この場合の「発見」は明らかに事実に反します。「(先住民)保留地」「侵略」「暴動」といった言葉も，立場によってニュアンスが異なるので，吟味して使うべきです。「全共闘世代」とか「団塊の世代」のように，あたかもある世代を共通項でくくれるかのような印象を与える表現も，注意を要します。また同じ「三権分立」と言っても，日本のように与党が内閣と議会を支配する議院内閣制の場合と，均衡と抑制の上になりたっている米国の場合とは明らかに異なります。

辞典をひく　当然のことですが，言葉の意味や漢字の書き方がはっきりしなければ，国語辞典，漢和辞典，用字・用語辞典，現代用語辞典，外来語辞典などで確かめます。今では電子辞書が普及しているし，携帯電話にも辞書機能がついているのがあるので，そういうものを利用したらよいでしょう。ただし，単なる「互換ミス」なのか，漢字や熟語そのものを知らないのか，妙な間違いが増えているのは困ったことです。たとえば大学で文章表現法を担当するグループは，調査の結果，「案の定」を「案の上」「案の条」「安の定」，「依然」を「以然」，「勘違い」を「感違い」，「試行錯誤」を「思考錯誤」，「価値観」を「価値感」，「魚介類」を「魚貝類」，「専門家」を「専問家」，「講義」を「講議」と書き間違う学生が多いと指摘しています(為田英一郎他「IT革命の進行と誤字の病理――リテラシーとしての『漢字力』を診る」，『桜美林論集』第30号(2003年3月)，43-68ページ)。

常用漢字　漢字については，小学校6年間に学ぶ「教育漢字」(1,006字)，一般の社会生活における漢字使用の目安となる「常用漢字」(1,945字)および「明日」「梅雨」「凸凹」「大和」などをふくむ付表，人名用漢字(2003年1月現在285字。今後増える見込み)などが政府によって定められています。また報道界では，常用漢字表のなかの(箇，但，又，濫など)11字を除く常用漢字と，常用漢字表にない「亀」「舷」「痕」「挫」「哨」「狙」の6字を「新聞用語」と定めています。

政府や新聞が，「目安」とはいえ，使用漢字を定めることの是非はともかくとして，一般に「読み・書き」は常用漢字の範囲内でおこなわれます。しかし，常用漢字表は漢字の使用を制限するものではありません。学術的研究では，常

用漢字表にふくまれない漢字を使用する必要にせまられることがよくあります。日本や中国の古典を引用したり，伝統的儀式を説明するとき，などがその例です。また，読者も，一般社会より高度の教育を受けた専門家が対象です。したがって，常用漢字にこだわる必要はない，と考えてよいでしょう。たとえば，常用漢字表にない「潰瘍（かいよう）」「胡椒（こしょう）」「浚渫（しゅんせつ）」「淘汰（とうた）」「憑依（ひょうい）」などは，大学のレポートや論文では使ってかまいません。むしろ，「潰瘍」や「淘汰」を仮名書きにする方が不自然です。

なお，現代中国語の簡体字は多くの日本人には読めないので，日本の漢字におき換えます（仂→動，働，华→華）。

漢字と視覚 ところで，漢字は表意文字です。「あ」「イ」「b」のように，それだけでは何の意味もない仮名やローマ字と違って，ひとつひとつに意味があります。だからこそ，「しのうこうしょう」「いちもくりょうぜん」では何のことか分からなくても，「士農工商」と書けば意味がそれこそ一目瞭然となるのです。「忍ぶ」と「偲ぶ」，「意思」と「意志」の違いも，漢字で書けばはっきりします。

したがって，漢字で書いた方が分かりやすい場合は，常用漢字表とは関係なく，漢字で書いた方がいいでしょう。「がりょうてんせい」は「画竜点睛」，「ふそく」は「不足」や「不測」，「きゆう」は「杞憂」，「けんせい」は「牽制」や「権勢」，「しゅんじゅん」は「逡巡」と書く方が分かりやすくなります。

新聞でよく見かける漢字と仮名の交ぜ書きもやめて，たとえば「破たん」は「破綻」，「けいがい化」は「形骸化」，「理くつ」は「理屈」と書くべきでしょう。

逆に，漢字の使いすぎは禁物です。「蝶番」や「狼煙」のように読みにくい漢字は，「ちょうつがい」や「のろし」と仮名書きした方が親切です。とくに必要がなければ，「包摂」「陥穽」「支弁」「梗概」「輻輳」「固陋」「傲岸」「韜晦」「邂逅」「乖離」といった難解な言葉もできるだけ避けた方がいいでしょう。

当て字 かつては，漢字をありがたがっていたせいか，「亜細亜」（→アジア），仏蘭西（→フランス），「布哇」（→ハワイ），「他人事」（→ひとごと），「何処」（→どこ），「余所」または「他所」（→よそ），「微笑む」（→ほほえむ），「誤魔化す」（→ごまかす），「得体」（→えたい），「出鱈目」（→でたらめ）と読ませ

ました。このような「当て字」も避けた方がよいでしょう。「無理矢理」の「矢理」も「遣り」の当て字です。「頁」も当て字なので，「ページ」と書いた方がよいでしょう。

外来語・カタカナ言葉　ある広告会社のインターネット・サイトに高齢者向けの広告に関する報告書が載っていて，テレビや新聞における横文字や略語が高齢者を悩ませていると指摘する一方で，「チャレンジ」「ファーストトライアル」「トータルなコミュニケーション」「ユニバーサルデザイン」「エルダービジネス」といった言葉が踊っていました。

街には，ファッション雑誌，コンピューター雑誌，商業広告などをはじめ，外来語やカタカナ言葉が氾濫しています。政府の白書や新聞・テレビなどでも，「アーカイブ」「アカウンタビリティ」「アクションプログラム」「アクセス」「アジェンダ」「アセスメント」「アメニティ」「インターンシップ」「インタラクティブ」「インフォームド・コンセント」「インフラ」「エンパワーメント」「オンデマンド」「グローバル（グローバリゼーション）」「コンセプト」「コンセンサス」「シミュレーション」「シンクタンク」「スキーム」「スプリングボード」「トレンド」「トレンディドラマ」「パーフォーマンス」「バイパス」「ポジティブ」「メセナ」「モラルハザード」「ライブ」「ライフサイクル」「ワーキンググループ」「ワークショップ」といった外来語を目にしたり，聞いたりします。テレビの娯楽番組では，「ナウい」「キャラ（クター）」「ワンパターン」「リベンジ」「フォロー（する）」といった横文字が飛び交っています。

「オートバイ」「イメージチェンジ」「コンセント（＝プラグ）」「シャープペンシル」「スーパー」「デイサービス」「ナイター」「パンク」のような「和製語」や，「アパート」「エアコン」「デパート」「ミス（＝失敗）」「レジ」「合コン」「アップ（する）」のような疑似外来語もあります。

私たちは，レポート作成にあたって，このようなカタカナ言葉をどう扱えばよいのでしょうか。

学術的なレポートでは，おうおうにして，外国生まれの専門用語を使わざるを得ません。レポートは一般大衆向けに書くわけではなく，担当教員に提出するものですから，それぞれの分野で市民権を得ていると思われるカタカナ語は使用しても差し支えないでしょう。

ただ，基本的には，カタカナ言葉を安易に使わない，もし日本語で表現できるなら，できるだけ日本語を使うことです。たとえば「イッシュー」が「争点」とか「問題」を意味するなら，「争点」や「問題」を使った方がよいでしょう。大学のレポートで広告会社の報告書のようにカタカナ語を多用すると，その品格が問われかねません。もちろん，広告や報道におけるカタカナ語使用に関するレポートなら，問題はありませんが。「ナウい」や「アップする」などの俗語の使用も避けましょう。

国立国語研究所「外来語」委員会は，二度（2003年4月および同年8月）にわたって外来語の「言い換え提案」をしていますが，「アイデンティティ」→「自己認識」，「アジェンダ」→「検討課題」，「エンパワーメント」→「能力開化」または「能力強化」，「コミットメント」→「関与」または「確約」，「スキーム」→「計画」，「データベース」→「情報集積体」，「ノーマライゼーション」→「等生化」または「福祉環境作り」，「ポジティブ」→「積極的」，「リアルタイム」→「即時」のように言い換えるのは問題です。日本語として未熟であり，原語のもつ意味やニュアンスをきちんと伝えていないからです。

私たちのまわりでは，「アレルギー」「アンケート」「ウイルス」「オーケストラ」「ガーデニング」「キャッシュ」「キャンセル」「キャンプ」「クリニック」「ショック」「チケット」「ツアー」「テーブル」「データ」「テロ」「トイレ」「ニュータウン」「パーキング」「バス」「バブル」「ピアニスト」「ビデオ」「マナー」「ミス」「ニュース」「ルール」のように，多くの外来語がすでに日常語化しています。「アウトソーシング」「インサイダー（取引）」「（物価）スライド」「ペーパーテスト」「ペースメーカー」「カテーテル」「ガバナンス」「ロースクール」のような特殊な用語も，分野によっていわば市民権を得ています。これらの言葉は，日本に移入された当初は人々に違和感を与えたでしょうが，現在ではほとんどがすっかり定着しています。

現在のように国際化が急速に進む時代には，外来語が氾濫するのはやむを得ません。自由に情報が入っている証拠ですから，むしろ歓迎すべきことかも知れません。たとえばゴルフ，サッカー，野球，救助（ライフセイビング）活動，コンピューター，医療などの分野で外来語を除去すべきか，あるいは日本語化すべきかどうかを考えてみてください。ただ，「ノーマライゼーション」「バリ

アフリー」,「インフォームド・コンセント」といった社会福祉や人々の医療にかかわる言葉をそのまま安易に使用するのは困ります。レポートで使う場合は,説明が必要です。

原語表記　日本でなじみがなかったり,発音が一定しない用語には,他の研究者に便利なように原語名を入れると親切です。イロコイ族あるいはイロクォイ族(Iroquois),イレデンタ(irredenta),イピゲネイア(Iphigenia),レパルティミエント(repartimiento),インター・バルネラビリティ(inter-vulnerability),社会進化論(Social Darwinism)などがそうです。

欧米の固有名詞や専門用語も,できれば原語名を付します。『ローマ帝国衰亡史(*The Decline and Fall of the Roman Empire*)』,『神曲(*La Divina Commedia*)』,モンテスキュー(Montesquieu, Charles Louis Secondat),米国電話通信業者協会(American Carrier Telecommunication Association),「母語(mother tongue)」「サブリミナル知覚(subliminal perception)」,というようにです。

「リプロダクティヴ・ヘルス・ライツ」や「ラムサール条約」のように片仮名用語が通用している場合でも,「リプロダクティヴ・ヘルス・ライツ(性と生殖に関する健康/権利)」「ラムサール条約(国際湿地条約または水鳥湿地保全条約)」と日本語訳をつけた方が親切です。日本で定着している名称であれば,もちろんあえて訳語をつける必要はありません。

表記の統一

送り仮名,漢字や仮名の表記,外国語,年号などは,ひとつのレポートでは自分なりに統一基準を決めて使います。内閣告示(昭和61年)の「現代仮名遣い」などを参考にしたらよいでしょう。

送り仮名　送り仮名については,「送り仮名の付け方」という内閣告示(昭和48年。昭和56年一部改正)があります。これは,「法令・公用文書・新聞・雑誌・放送など,一般の社会生活において」常用漢字の送り仮名のつけ方の「よりどころ」を示したもので,「科学・技術・芸術その他の各種専門分野や個々人の表記にまで影響を及ぼそうとするものではない」との説明がついています。

したがって,大学の研究レポートや論文には必ずしも該当しません。しかし,

同じ文章に「行う」と「行なう」,「表す」と「表わす」,「捕らえる」と「捕える」,「曇り」と「曇」,「申し込む」と「申込む」,「入り江」と「入江」のように二通りの送り仮名があったり,「乗り換え」「乗換え」「乗換」や「売り上げ」「売上げ」「売上」のように三とおりもあるのは困ります。どちらかに統一するとよいでしょう。

漢字と仮名　漢字と仮名のいずれを使うか(たとえば「行う」か「おこなう」か,「様々」か「さまざま」か)についても統一します。最初に決めておくと,乱れが少なくてすみます。内閣告示(昭和61年)の「現代仮名遣い」などを参考にしたらよいでしょう。

外国語・外国の固有名詞　たとえば「アベマリア」(「アヴェマリア」),「バ(ヴァ)ケーション」(「バ(ヴァ)ケイション」),「ウイルス」(「ウィルス」または「ビ(ヴィ)ールス」),「パーティ」(「パーティー」),「ドゴール」(「ド＝ゴール」(「ドーゴール」または「ド・ゴール」),「ヒトラー」(「ヒットラー」),「プリンス・エドワード島」(「プリンス＝エドワード島」または「プリンスエドワード島」)のような言葉は,一貫して同じ表記法を用いるようにします。

「ラジオ」や「テレビ(またはテレビジョン)」「マルチメディア」「ライブ」のように,すでに日本語として定着している場合,とくに理由がなければ,あえて「ラディオ」や「テレヴィ(ジョン)」「マルティメディア」「ライヴ」に変える必要はないでしょう。

外国の地名や人名の発音表記は,できるだけ現地主義をとるべきでしょうが,現地の発音を完全に日本語で表記するのは無理です。したがって,シーザー(カエサル),マケドニア(マセドニア),マホメット(モハンマッド),イエス・キリスト(ジーザス・クライスト),板門店(パンムンジョム)のように日本で慣用化している場合は,それを使った方が無難です。日本で定着していない表記を原音で表わさなければならない場合は,できるだけ慣例にならい,また原語をつけるようにすれば読む人に親切です。

年号　年号はできるだけ西暦に統一した方がよいでしょう。もちろん,日本や中国,韓国などの歴史に関するレポートや論文では,それぞれの元号を使わざるをえません。しかしその場合でも,西暦を加えるのが親切です。たとえば日本の元号表記が必要な場合は,「1873(明治6)年」のように書きます。

初出の固有名詞と専門用語

　初出の固有名詞や専門用語は，省略しないようにします。たとえば「ベレルソンによれば……」ではなく，「バーナード・ベレルソンは……」と書くべきです。「バーナード・ベレルソン〔米国のコミュニケーション研究家〕は……」，あるいは「米国のコミュニケーション研究家バーナード・ベレルソン（Bernard Berelson）は……」とすれば，さらに親切です。「北大」は「北海道大学」，「関経連」は「関西経営者連合会」と，最初は正式名称を使います。「イギリス」「ソ連」「中国」「韓国」「朝鮮」「スリランカ」「ウルグアイ」「ガイアナ」「サウジアラビア」は，必要に応じて，最初は正式名称の「グレートブリテンおよび北アイルランド連合王国」「ソビエト連邦共和国」「中華人民共和国」「大韓民国」「朝鮮民主主義人民共和国」「スリランカ民主社会主義共和国」「ウルグアイ東方共和国」「ガイアナ協同共和国」「サウジアラビア王国」と書いた方がいいでしょう。もちろん，とくに必要がなければ，通称でもかまいません。

　「世界遺産条約」「PL法」「ユネスコ」「APEC」は，初出ではそれぞれ「世界の文化遺産及び自然遺産の保護に関する条約」「製造物責任法」「国連教育科学文化機関」「アジア太平洋経済協力会議」と表記します。「世界の文化遺産及び自然遺産の保護に関する条約（以下，世界遺産条約）」と書けば，そのあとは省略しても分かりやすくなります。原稿用紙200枚以上の長い論文なら，章が変わるごとに最初はきちんと書くべきでしょうが，レポート程度の長さなら二度目以降は略してもかまいません。むしろ，その方が読みやすくなります。

　「米国」「アメリカ合衆国」「アメリカ」のように，複数の呼称があるときは，どちらかに統一するか，そうでない場合は，同じ意味で使うことをあらかじめことわった方がよいでしょう。「アメリカ（英語でAmericas）」は西半球諸国を指す言葉でもあるからです。「英国（またはグレートブリテン）」と「イギリス（あるいはイングランド）」のように，厳密には異なる場合は，注意を要します。「アメリカ建国」「米国建国」，「アメリカ英語」「米国英語」，「北米大陸」「北アメリカ大陸」，「対米外交」「対アメリカ外交」，「北米」「北アメリカ」，「イギリス海峡」「英仏海峡」，「イギリス英語」「英国英語」，「イギリス連邦」「英連邦」，「イギリス帝国」「大英帝国」のような複合語も，いずれか文脈的により適切な方を選んで用いるようにします。

注意すべき表現

　レポートや論文には，注意した方がよいと思われる表現があります。いくつか例をあげましょう。

　わが国・われわれ　　評論文ならともかく，レポートや論文では「わが国」ではなく，「日本」と書いた方が適切（普遍的）です。「わが国」は，自分の国と他国を区別し，日本を特別扱いする表現だからです。「国内」も，それがどの国を指すのか明確にすべきです。

　「われわれ」も，「わが国」と同じく，評論文向きの言葉です。しかも，多くの場合，「われわれ」が意味するのは人類全体なのか，日本人一般なのか，特定の組織や年齢層に属している人々なのか，不特定多数の人々なのか，あいまいです。

　ことこと，ものもの　　「こと」や「もの」の多用は読む人にわずらわしさを感じさせます。「このことを踏まえずに，日本を叩こうとすることは意味のないこと……。さらに現在のアメリカ経済が日本に頼ることが多いことを考えれば，アメリカはまるで逆のことをしている……」には，「こと」が6回登場します。「この点を考慮しないで日本を叩くのは，意味がない……」などとすれば，読みやすくなります。

　「表現の自由ということは憲法で保障されている」「日本の地位ということ」「表現の自由というもの」「イメージというもの」などの「こと」や「もの」も，必要かどうか吟味して，必要がなければ削除したり，言い換えたりした方がいいでしょう。

　対する・関する・おいて　　「対する」「関する」「おける（おいて）」は，一見，互換性のある言葉のようですが，「対する（対して）」は「……に向けて」，「関する（して）」は「……に関係する」，「おける（おいて）」は「その時や所での……」といった，ニュアンスの違いがあります。「日本に関する態度」は「日本に対する態度」，「募集に対する差別」は「募集における差別」の方が適切です。また，「日本においては」は「日本では」，「労働に関しては」は「労働については」と言い換えた方が読みやすくなります。

　文語体　　古い文語体の表現は避けた方よいでしょう。さすがに，大正時代や昭和初期の学術論文や公文書のような文語体は見られなくなりましたが，現

在も「……に於ける」「如き」「依って」「因みに」「即ち」「如　何（いかが・いかん）」「如何（いか）にして」「然し」「或いは」「但し」「且つ」「及び」「乃至（ないし）」「概（がい）して」「勿論」「当該」「有り様」「若しくは」「従って」「を以て」「尚」「殆（ほとん）ど」「極めて」といった表現は残っています。これらは，使用するとしても，できれば仮名書きにした方がいいでしょう。

　俗語　　俗語的表現は，週刊誌や新聞のエッセイには向いていても，レポートや論文で使うとその品格を失わせます。俗語的表現というのは，「いろんな（→いろいろな）」「とにかく」「ちょっと」「メチャイケる」「あきれるほど」「やっぱり」「ものすごい」「馬鹿げている」「ぶっかける」「さぼる」「泥くさい」「大丈夫」「マジ」「ジコる（→事故を起こす）」「ノリがいい」「寝てる（→寝ている）」「頑張る」「……してしまった」といった，会話（口語）調の言葉です。

　推量　　「……ではないだろうか」「……とは考えられないだろうか」「……らしい」「……に違いない」「……は確かだろう」「……といっても不思議ではない」というような，不確かさを示す表現は，レポートや論文ではできるだけ避けた方がいいでしょう。

　修飾語　　レポートや論文では，「美しい」「高い」「古い」「すごい」「すばらしい」のような主観的な修飾語は，できるだけ避けるようにします。これらは書き手の印象を示すもので，読み手は「どれほど」美しい，高い，古い，あるいはすごいのかという具体的な情報を共有できないからです。統計数字を使うなど，できるだけ具体的，客観的に示すようにします。「最高」や「世界一」という言葉も要注意です。

　指示語　　指示語（「あの」「その」「同者」「上記」「前掲書」「前者・後者」など）は，便利ですが，何を指すのか，はっきりしない場合もあります。何度も出てくると，読む人は，いちいち前の文で確認せざるをえません。「その」や「上記」を指す言葉や文が何行も前にあったり，「前掲書」が何ページも前にかかげた本だったりするのは，困ります。自分で読み返してみて，何を指すかがただちに分からないようであれば，指示語の使用を避けて，具体的に書いた方がいいでしょう。「職種やその雇用，賃金など」の「その」のように，脈絡のはっきりしない指示語も注意すべきです。

　略字・流行語・短縮語・和製英語　　略字（厂→歴，才→歳），流行語（ダサ

イ，ノリがいい），短縮語（デジカメ→デジタル・カメラ，アメフト→アメリカン・フットボール），和製英語（ネグる［neglect］→無視する，ネゴ（negotiate）→交渉，アップする→引き上げる）は，そういう言葉が研究対象でないかぎり，使用を避けた方がいいでしょう。

常套語 常套語というのは「ありふれた言葉」「型にはまった言葉」あるいは「使い古された言葉」「ステレオタイプ」のことです。「玉虫色」「世紀の一瞬」「女の細腕」というのがその例です。「日本といえばゲイシャとフジヤマ」というのも，そうです。日本では，たとえば「四字熟語」が大事にされますが，それこそ常套語の典型です。次の「お役所的言いまわし」も常套語の一種と言えます。常套語は，表現だけでなく内容まで陳腐，あるいは常識的という印象を与えますので，あまり使わないのが賢明です。

お役所的言いまわし 「善処」「前向きに検討」「適切に処理する」「原則的」のような，いわゆる「お役所的言いまわし」には，意図的に意味をぼかしたり，婉曲的すぎて意味がはっきりしない言葉が少なくありません。ときには，「事業縮小」や「人員削減」を「合理化」，「侵略」を「人道的介入」，「戦争」や「危機」を「有事」，「敗戦」を「終戦」，「戦争協力」を「平和協力」，「規制撤廃（deregulation）」を「規制緩和」と呼ぶこともあります。研究者は，よく吟味したうえでそういう言葉を使うかどうか判断すべきです。

差別的表現 「ことばと女を考える会」による『国語辞典にみる女性差別』（三一書房）は，日本の主な小型国語辞典がいかに女性差別に満ちているかを詳しく示しています。論文やレポートでは，性的差別表現だけでなく，特定の民族集団や宗教グループ，外国人，障害者，病弱者，年長者などに対する差別的な表現は避けるべきです。

ただし，あまり神経質になって，「入院患者」や「囚人」を「ゲスト」と言い換えるのは，いきすぎでしょう。

もちろん，差別や差別用語について書く場合や，歴史的事実を述べたり，誰かの言葉を引用したりする場合は，使用してもかまいません。たとえば，「報道における差別用語」のような論文で，必要上，「女々しい」「デブ」「ボケ」「ハゲ」のような言葉を引用して使うのは，仕方がないでしょう。日本の歴史に関するレポートでは，「夷狄」「南蛮人」「紅毛人」「毛唐」「蝦夷」「熊襲」「穢多」

「水呑み百姓」のような用語の使用が避けられない場合もあるでしょう。こうした場合でも，差別を助長しないよう心がけるのは言うまでもありません。

差別表現についての考え方は，時代によって微妙に変化します。上の「夷狄」や「南蛮人」がよい例です。かつて使われていた，「百姓」「人夫」「召使い」「女中」「掃除夫」「坊主」「不具」「つんぼ桟敷」「めくら判」「やぶにらみ」「気違い」「後進国」「未開人」「酋長」「特殊部落」「黒人兵」「ガイジン」といった言葉は，現在ではタブーとなっています。とくに理由がなければ，差別表現とされているものは，できるだけ使用しない方がいいでしょう。

批判・中傷 調査対象の人々やグループ，あるいはその価値観や生活様式などを批判・中傷するようなことも避けるべきです。他の研究者に対する人格批判も同様です。本来の研究目的からはずれるからです。研究者は，できるだけ社会常識の範囲内で行動し，その範囲内で研究報告を発表すべきです。

専門用語 学術論文であれば，その性格上，それぞれの分野における専門用語（術語）を無視するわけにはいきません。たとえば「公共財」という用語を使わなければ，経済や情報について分析できない場合があります。概念化された用語は，いわばこれまでの学問研究の集積であり，したがって多くの場合，研究者間の共通語でもあるからです。概念的な用語を使用しなければ，そのつどそれに代わる長い説明を加えなければならなくなります。それはほとんど至難の業といってよいでしょう。

専門用語や学術用語は，自らよく理解したうえで使用します。筆者が，どのような意味および文脈（コンテクスト）である用語を用いているかが明確でなければ，読む者は混乱してしまいます。和辻哲郎は，著書『風土――人間学的考察』の第一章「風土の基礎理論」の書きだしで，「ここに風土と呼ぶのはある土地の気候，気象，地質，地味，景観などの総称である」と説明しています。用語の意味を明確にした，あるいは規定したわけです。

専門的内容を議論するのだから専門（学術）用語を使用するのはやむをえないとしても，だれかに読ませるための研究報告であるということをまったく度外視するのは困ります。繰り返しますが，研究レポートや論文はだれかに読んでもらうために書くのです。読まれない，あるいは読んでも理解できないレポートや論文には，何の意味もありません。高度の研究者であっても，少なくとも，

同僚や隣接分野の研究者には理解できるぐらいの工夫はすべきです。そうでないと，学問分野の「たこつぼ化」（過剰な専門化による閉鎖的傾向）を助長して，学問領域間の交流や学際研究を成立しにくくし，学問の進歩を妨げる結果になります。

数字　　数字の表記法は，縦書きと横書きでは，一部，違います。慣用句化した数字（五重の塔，五十歩百歩，十五夜，四国，二者択一，二足三文，三次元，第一次世界大戦，二酸化炭素）は縦書きでも横書きでも共通ですが，年号や日付，統計数字などの表記法は異なります。詳しくは，第7章「原稿の書き方」を参照して下さい。

記号　　パーセント（％），メートル（m），キログラム（kg），メガヘルツ（MHz）などは，数字のあとだと記号で表示し，そうでない場合は文字で表記した方がいいでしょう（「85.2％」，「パーセントで示す」）。ドル（$）やポンド（£）なども同じです（「$500」，「円とドルの交換レート」）。ただし，縦書きにする場合は，＄や£の記号ではなく，ドルやメートルの文字を使います（五〇〇ドル，一一〇メートル）。

時間・場所・統計　　「現在の日本」「当時のエジプト」の「現在」や「当時」がどの時代を意味するのか，「アジア」「海外」などがどこを指すのか，場合によっては具体的に表示する必要があります。

「日本の人口」は，それがどの時点の国勢調査（あるいは推定）にもとづくものなのかを示さなければ，数字の意味が失われてしまう場合もあります。たとえば日本は1985年の統計，中国は95年の統計を使って両国の国防費を比較したり，どの時点あるいは何に対しての割合なのかを示さないで「パーセント」を使っては，正確な比較にはなりません。防衛費や失業率などの算定基準は国によって異なりますので，注意が必要です。統計の意味，統計作成者とその意図などについても考慮し，統計に「利用されない」ことも大切です。

かっこつきの言葉　　ある言葉を強調したり，それに特別の意味をもたせるために，かっこに入れる人がいます。たとえば吉本隆明は，次のような書き方をしています（『書物の解体学』）。

　　この〈死者〉のほうも，べつだん，ひとびとに関心をもたなかったし，ど

うということもなかった。かれはこの世界の人間をただ〈眺め〉にきたのだから。すでにそれ以前に、この〈死者〉は、〈全能者〉、〈神〉、〈創造者〉とのあいだの格闘に精力をつかい果たしていたので、疲れ切った貌をしていた。

人によっては、〈 〉の代わりに《 》や傍点を使う場合もあります。なかには、ちょっとでも特殊だと思われる言葉はすべてかっこでくくる人さえいます。かっこなどの符号については、改めて説明しますが、上記のような使い方はいわば個人の好みの領分であるとはいえ、レポートや論文では避けた方がよさそうです。この場合のかっこは一種のレトリックであって、書き手の感情が移入されていると思われるからです。読者はまた、かっこに与えられた意味を理解しようと、余計なエネルギーをついやさなければなりません。見慣れない符号のために、読む人の思考が中断されるという問題もあります。

間違いやすい言葉

言葉遣いについては、国語辞典、漢和辞典、用字用語辞典などを参考にして欲しいのですが、とくに大学生の間で混乱や誤用の多い言葉をあげておきます。

余り・あまり　　100人余り、あまりに簡単（副詞）
以外・意外　　日本以外の国々、意外な展開
依然・以前　　依然として好調、以前より好調
異同・異動・移動　　数字の異同（相違）、人事異動（地位などの変化）、人口移動（位置の移動）
今だに・未だに　　「今になっても」の意味。「未だに」または「いまだに」と書く→未来、未遂。
写す・映す　　書類の写し（コピー）、写真を写す（または、撮る）、影が映る（投影、反映）、鏡に映す
温・暖　　「温」は「冷」の対語（温かい心、温かい食べ物）、「暖」は「寒」の対語（暖かい日）
表す・現す（表れる・現れる）　　意思を表す（表面に出す）、成果が表れる、

姿を現す(隠れているものが見えるようになる)，太陽が現れる
超える・越える　　党派を超える，30度を超える，山を越える，勝ち越す
いう・言う・云う　　そういう事実はない，……という(もの)，……と言う(述べる)，礼を言う。「云」は，現在は「云々」以外にはほとんど使われません。
いく・行く　　実施していく，北海道へ行く。国語辞典によれば，本来は「ゆく」が正しいようです。
意思・意志　　意思(考え)の疎通，意思表示，意志(志)を貫く，意志が固い
異常・異状　　異常(正常でない)事態，異常乾燥，西部戦線異状なし
委譲・移譲　　首相権限を外務大臣に委譲する(上級のものから下級のものに譲る)，業務を移譲する(対等のものに移す)
押さえる・抑える　　要点を押さえる，怒りを抑える
押す・推す　　押しつける，判を押す，会長に推す(推薦)，推し進める(推進)，推し量る(推量)
開放・解放　　門戸を開放する，開放経済，人質を解放する，解放戦線
改定・改訂　　運賃の改定(新しいものに改める)，辞書の改訂版(内容を改める)
回答・解答　　要求やアンケートに対する回答，問題の解答
核心・確信・確心　　核心をつく，確信をもつ(「確心」という言葉はない)
価値観　　価値感という言葉はありません。
学会・学界　　学会(組織やその会合)に出席する，学界(学者の社会)の権威
加熱・過熱　　加熱してから食べる，ブームが過熱する事態
代・変・替・換　　大臣を代える，身代わり(代用)，季節が変わる(変化)，変わった話(変な)，年度が替わる(別のものに替わる)，言い換え，配置が換わる(交換，転換)。交代と交替は同義。
季・期　　季題，冬季大会，期末手当，夏期講習，冬期施設，農繁期
議員・議院　　議員立法，議院内閣制
既成・規制・規正　　既成の事実，輸入規制，融資を規正
競争・競走　　安売り競争，100メートル競走
五官・五感　　五官(目，耳，鼻などの器官)を刺激する，五感(見る，聞く，

かぐ，などの感覚)がにぶる

こと・事　そのこと，読むこと，……ということ(抽象的)，考え事(または「考えごと」)，事(こと)なかれ主義，出来事(具体的)

志向・指向　学問を志向する(目指す)，指向性のアンテナ(方向性)

事典・辞典・字典　百科事典(事柄を説明)，国語辞典(言葉を説明)，字典(文字を説明)

自任・自認　天才をもって自任する(自負する)，失敗を自認する(自ら認める)

首席・主席　中国の国家主席，首席代表

趣旨・主旨　平和運動の趣旨，報告の趣旨(目的，中心的な内容)，報告の主旨(中心的な意味)

情・状　「状」は「すがた」や「状態」，「情」は「心の働き」や「おもむき」を表わす。現状，状態，状況，病状，実情，国情，情勢，民情(情況と状況，情勢と状勢は同意語として使われますが，報道界では情況は状況，状勢は情勢に統一しています)

召集・招集　軍人の召集，会議の招集。日本の国会に限り，「召集」の字を当てます。

食料・食糧　食料は食べ物や主食を除く食品(食料品)，食糧は穀類などの主食物(食糧問題)あるいは家畜飼料を含む食糧全体

所帯・世帯（しょたい・せたい）　大所帯，所帯道具(生活体)，世帯数，世帯主(役所に届けた一家の人的構成)(同義的に使われることもあります)

自立・自律　親から自立する，自律神経

しれない・知れない　……かもしれない(補助用言)，消息が知れない(不明)

処置・措置　適切な処置をほどこす，応急処置，必要な措置を講ずる(同義的に使われることもあります)

侵入・浸入・進入　敵が侵入する，水が浸入する，選手が場内に進入する

神父・牧師　カトリック教会の神父(司祭)，新教教会の牧師

制作・製作　映画(絵画，作品)を制作する，家具を製作する

正当・正統　正当防衛，行動を正当化する，正統な教義

対象・対照・対称　　調査の対象，原文と対照する，対照的な姉妹，左右対称

体制・体勢・態勢　　戦時体制，資本主義体制，不利な体勢になる，準備態勢を整える

絶える・堪える・耐える　　通信が絶える，鑑賞に堪える（あるいは「耐える」），重圧に耐える（あるいは「堪える」）

例え・喩え　　例えば（例示），喩え（仮に），国を人に譬える（または「喩える」）

探求・探究　　真相を探求する（探し求める），本質を探究する（きわめる）

追及・追求・追究　　責任を追及する，利潤（幸福）を追求する，真理（原因）を追究する

作る・造る・創る　　手作り，記録（資料，記録，資料，記録）を作る，国造り，家（船，酒）を造る，小説を創（作）る

勤める・務める・努める　　勤め先，司会を務める，解決に努める

提起・提議　　問題提起，委員会に提議する

適正・適性　　適正な価格，技術者としての適性

同士・同志　　仲間同士，同志をつのる

特徴・特長　　特徴（とくに目立つ点）のある表情，特長（特別な長所）を生かす

取る・採る・執る・撮る　　栄養を取る，責任を取る，新人を採る，計画案を採る，筆を執る，事務を執る，映画を撮る

計る・測る・図る・量る・諮る・謀る　　時間を計る，特別な計らい，便宜を図る，図らずも，容積を量る，審議会に諮る，暗殺を謀る

始め・初め・はじめ　　仕事を始める，仕事始め（「終わる」「終わり」の対語），初めての経験，初めて，年の初め（最初），……をはじめ（または，「（日本）を始め」）

表記・標記　　仮名交じりの表記，表記の住所，標記の件に関する会議

並行・平行・平衡　　並行審議（同時），平行線（交わらない），平衡感覚

偏在・遍在　　一地域に偏在する，全国に遍在する

保証・保障・補償　　品質保証，安全保障，言論の自由の保障，補償金，災害補償

まず・第一に 「まず」は「最初に」の意味ですから,「まず第一に」「まず最初に」は重ね言葉になります。

町・街 市町村,下町,街角,夜の街,街並み(または町並み)

的を得る・的を射る 正しくは「的を射る(はずす)」「当を得る(失する)」と表現します。

見・看 「看」と「見」は,本来,意味はやや違うが,「看過」=「見逃す」,看破=「見破る」とほぼ同義に使われることから,最近は「看做す」も「見なす」と書きます。

民族・民俗 少数民族,民族自決,民俗信仰,民俗芸能

もつ・持つ 持ち主,持ち上げる,持ち物,持ち家(「所持する」という意味以外の場合は「もつ」を使うべきだと考える人もいます)

もの・物 ……ものの,というもの,もののあわれ,ものの見方(または「物の見方」),物音,物語,物思い

目障り・耳障り・手触り・肌触り 「目障りがいい」「耳障りがいい」とは言いません。

よう・様 ……のようだ(補助用言),様式(様子,同様)

用件・要件 緊急な用件,要件を満たす

よろん・せろん 本来は「輿論(よろん)」だが,現在は世論を「せろん」とも「よろん」とも読む。「与論」とは書かない。

わけ・訳 そのようなわけで(形式名詞),言い訳(道理)

わたる・渡る・亘る 「三時間にわたる」の「わたる」は,「亘る」または「わたる」と書きます。

7章　原稿の書き方

　最近は，ワープロ（またはパソコンのワープロソフト）で原稿を書く学生が増えました。原稿用紙は，本や雑誌に原稿を掲載するときに編集担当者に便利なようにつくられているのですが，パソコンやワープロの普及によってほとんどの大学ではその使命を終えつつあります。英文のタイプ原稿と同じように，パソコンやワープロで作成した和文原稿は読みやすく，字数の計算も簡単で，四角いマス目の入った原稿用紙はほとんど不要になったからです。

原稿用紙の使い方

　しかし，「400字詰め原稿用紙 x 枚」という言い方は残っており，またワープロ，鉛筆（ペン）書きにかぎらず，原稿用紙を使う人はまだ多いので，簡単に使い方を説明しておきます。

　原稿用紙は，Ａ４とかＢ５のサイズがあり，200字詰めと400字詰め（とくにことわらなければ，400字詰め原稿用紙を意味します），縦書きと横書きがあります。大学や担当教員が指定したものがあれば，それを使えばいいでしょう。

　原稿用紙の周辺には枠がありますので，その枠内からはみでないように書きます。表題や自分の名前を枠外に書く学生がいますが，提出日付やページ番号以外は，すべて枠内に入れるようにします。

　表題　　表題と自分の所属および氏名は，１ページ目の数行を使って書くか，表紙に書きます。１ページ目に表題を書く場合は６行目あたりから本文を書き

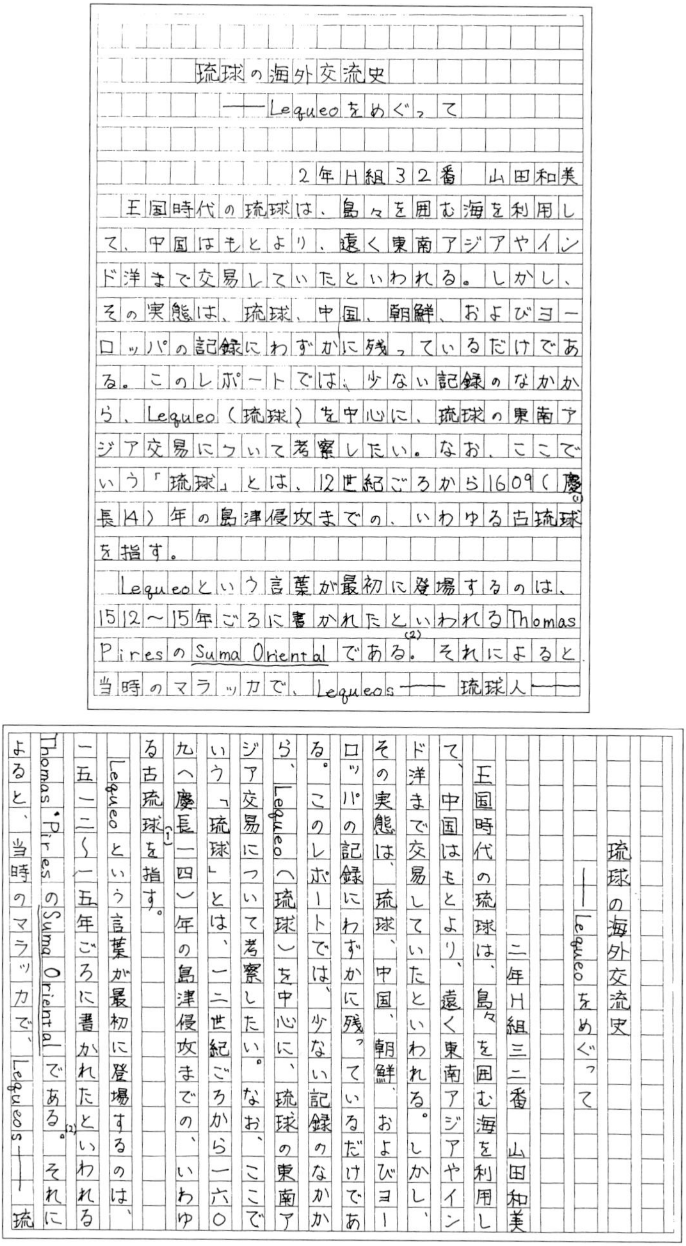
琉球の海外交流史
——Lequeoをめぐって
2年H組32番　山田和美
王国時代の琉球は、島々を囲む海を利用して、中国はもとより、遠くアジアやインド洋まで交易していたといわれる。しかし、その実態は、琉球、中国、朝鮮、およびヨーロッパの記録にわずかに残っているだけである。このレポートでは、少ない記録のなかから、Lequeo（琉球）を中心に、琉球の東南アジア交易について考察したい。なお、ここでいう「琉球」とは、12世紀ごろから1609（慶長14）年の島津侵攻までの、いわゆる古琉球を指す。(1)
Lequeoという言葉が最初に登場するのは、1512～15年ごろに書かれたといわれるThomas PiresのSuma Orientalである。(2)それによると当時のマラッカで、Lequeos——琉球人——
琉球の海外交流史
——Lequeoをめぐって
二年H組三二番　山田和美
王国時代の琉球は、島々を囲む海を利用して、中国はもとより、遠く東南アジアやインド洋まで交易していたといわれる。しかし、その実態は、琉球、中国、朝鮮、およびヨーロッパの記録にわずかに残っているだけである。このレポートでは、少ない記録のなかから、Lequeo（琉球）を中心に、琉球の東南アジア交易について考察したい。なお、ここでいう「琉球」とは、一二世紀ごろから一六〇九（慶長一四）年の島津侵攻までの、いわゆる古琉球を指す。(1)
Lequeoという言葉が最初に登場するのは、一五一二～一五年ごろに書かれたといわれるThomas・PiresのSuma Orientalである。(2)それによると、当時のマラッカで、Lequeos——琉

図 7-3　横書きと縦書きの手書き原稿の実例

（図7-1），表紙をつける場合は1ページ目の最初の行から本文を書き始めます。

読書レポートの表題　ペンや鉛筆で書くにせよ，ワープロで書くにせよ，また原稿用紙か無地の白紙かを問わず，通常のレポートの表題に相当する部分に少なくとも著者名と書名を書きます。できれば，発行元と発行年も入れた方がいいでしょう（図7-2）。読書レポートだというのに，表題のところに書名がないと，読む人は「どういう本についての報告なのか」と，とまどってしまいます。表題のところではなく，文中に書いてある場合も，同様です。

```
                              1997/5/10

  読書レポート
    本間長世『アメリカ文化のヒーローたち』
              （新潮社，1991年）

    ××学部×年×組　山田正子

    著者のいう「ヒーローたち」とは，アメリ
  カの大衆文化の花形，という意味である。た
  とえば……




              － 1 －
```
図 7-2

　もちろん，提出者の名前を忘れてはいけません。大学の場合，さまざまな学部や学年の学生がまじっているような授業では，単に自分の氏名を書くだけでは不十分です。いくつかの授業と多くの学生をかかえる教員は，授業名，学部名，学年，学生番号などが記入されていないと，学生を特定するのに苦労するからです。できれば提出日も記入します。

　数枚以上のレポートには，表紙をつけて，そこに著者名，書名，発行元，発行年，自分の所属や名前を書いた方がよいでしょう（図7-3）。

表紙と1ページ目の両方に書名(あるいは表題)や自分の氏名を書く必要はありません。また，とくに要求がなければ，何も書いてない表紙をつける必要もありません。

卒業論文や修士論文などの「表題ページ」については，すでに4章で説明したとおりです。

```
                                    ×月×日

              読書レポート
            (アメリカ現代社会)

       本間長世
       『アメリカ文化のヒーローたち』
                      (新潮社，1991年)




              ××学部×年×組    番
                山田太郎
```

図 7-3

レポートの表題　　レポートは，すでに説明した読書レポートの場合と同じく，1ページ目の最初の数行，または表紙に，提出日，表題，授業名，所属，氏名などを記入します。読書レポートの体裁に関する説明を参照して下さい。

一字分あける　　パラグラフ(段落)の最初は，一文字分あけます。

不要の空白　　句読点と次の文の間，名前と氏名の間(野村　武彦)，著者と著書や著書と発行所の間(山田太郎　『西洋文明の後退』　山崎書房　1943)をあける人がいますが，とくに空白にする必要はありません。

ただし，関寛治，犬田充，谷山二郎のように姓と名を分けて書いた方がよい場合は，関　寛治，犬田　充，谷　山二郎のようにしてもかまいません。また

著書名や論文名に副題がついている場合，通常は棒引き(――)でつなぎますが(『戦争論――われわれの内にひそむ女神ベローナ』)，間に一マスおいたり(『戦争論　われわれの内にひそむ女神ベローナ』)，コロンをおいたりする(『戦争論：われわれの内にひそむ女神ベローナ』)場合もあります。

　一マスに一字　　文字は，促音(たとえば「きっと」の「っ」)などをふくめて，すべて一マスずつ入れます。句点(。)，読点(,)，なかてん(あるいは中黒)(・)，かっこ(『)およびかっことじ(』)なども，一文字分とります。これらの符号が行頭にきたら，前の行の終わりにつけます。

　半角文字　　「五大湖」「百人力」のような慣用句をのぞく数字(12,345 戸，1996 年)，ミドルネーム(ジョン・F・ケネディ)を除くローマ字(U. N., United Nations, B. C., *Bellone ou la pente de la guerre* by Roger Caillois)は半角にします。すなわち，一マスに二文字入れるようにします。ただし，縦書きの場合，NATO や UN のような固有名詞の略語は一マス分に一字ずつ入れた方がいいでしょう。

　二文字分とる　　棒引き(――)や三点リーダー(……)は二マス分とります。

　綴じる　　書きあげた原稿は，ページ番号をふり，バラバラにならないようにホッチキス(ステープラー)やバインダー・クリップで綴じて提出します。

ワープロ原稿の書き方

　ワープロ(またはパソコンのワープロソフト)には，「フォント」「太字」「下線」「インデント」「禁則文字」「検索」「置換」「罫線」「表作成」「画像処理」「文字カウント」「ウィンドウ(並べて表示，分割)」「文章校正」「脚注」「図表番号」「ページ番号」「保存」「ページ設定」「印刷」などさまざまな機能がついています。これらの機能を使いこなせると便利です。

　原稿はどうしても原稿用紙に書いて提出しなければならないという指示がある場合は，たとえばマイクロソフト・ワードだと「原稿用紙ウィザード」(新規 Microsoft Word 文書→新規作成→原稿用紙ウィザード)に打ち込むか，面倒くさいですが市販の原稿用紙に何とか工夫して印刷します。しかし，通常は次の作業手順をふんで白紙(コピー用紙)に印刷して提出します(図 7-4)。

　①ページ書式の仮設定　　Ａ４，Ｂ５などの用紙サイズ，１行あたりの文字

数, 1ページあたりの行数, フォント, 字体(標準), フォントサイズ, 文字方向(横書き/縦書き), 余白, 段組み(通常は一段)などを設定します。日本語フォントは明朝が標準です。レポートや論文では, 丸文字やペン字体, 隷書体などは使用しない方が無難です。欧文も, 教科書体に近いフォントを選びます。書式は最後に設定することも可能ですが, あらかじめやっておいた方が便利です。

　行間, 字間, 余白(マージン)などについては, もしとくに指示がなければ自分で工夫します。枚数は「400字詰原稿用紙○○枚」と指定される例が多いので, ワープロやパソコンの場合も字数を数えやすいように印字した方がよいでしょう(たとえばA4版だと40字×30行, B5版だと30字×25行)。

　余白(マージン)は, 上に4センチ, 下と左右に3センチほどとります。文字の大きさは10ポイント以上, 字間はあけすぎると読みづらいので1〜2ミリぐらいが適当でしょう。行間は担当教員が訂正やコメントができるほどのスペースをとるべきです。

　ついでに, ページ番号の設定もしておいたらよいでしょう。

　②文章の入力　　構成プランにしたがって, 文章を書いていきます。文章を書いたら, 必ず読み返して, 読みやすいか, 誤字・誤用や変換ミスはないか, 句読点は正しく打たれているか, などを確認します。

　③ページ書式の設定　　仮設定してあったページ書式を確認します。文章や図表の量, 欧文文字の使用などを考慮して, 必要があれば文字の大きさなどを変更します。

　④レイアウト　　表紙ページの文字の大きさや配置, 本文の小見出し・文字部分・図表・余白などのレイアウトを決めます。ページの最後に小見出しがくるようなら, それを次のページの冒頭に移します。一つの図表は一つのページに収めるようにします。引用部分が独立してパラグラフを構成する場合, 二文字程度ひっこめ, さらに前後のパラグラフとの間に1行分あけた方がよいですが, そうなっているかどうか確認します。

　コンピューターを使えば, 文字の大きさや形を自由に変えたり, 写真や図表を簡単に取り込めたりできるようになりました。見た目にきれいで効果的なレイアウトを工夫してみるのもよいでしょう。ただし, あまり派手なレイアウト

は，大学のレポートでは避けた方が賢明です。他人の写真や図表を使用するのはできるだけ避けるべきですが，やむなく使用する場合は，著作権を尊重して，出所を明記することをお忘れなく。

　印刷プレビュー機能を使えば，各ページのレイアウトが一目で確認できます。

　⑤試し刷り　　印刷プレビューでレイアウトを確認しても，そのとおり印刷されない場合があります。また，印刷してはじめて文字や表現の間違いに気づくことも少なくありません。一度プリントアウトして，細部を点検する必要があります。

　⑥印刷　　試し刷りで見つけた修正個所を修正したあと，最終的に印刷（プリントアウト）します。感熱紙だと汚れやすく，変色しやすいので，ノーマルタイプの用紙で提出した方がよいでしょう。フロッピーディスクに保存して提出したり，あるいは e-mail で送ることも可能ですが，もしそのような了解がなければ，できるだけ相手が読みやすいようにプリントアウトして提出します。

　なお，原稿用紙の場合と同じく，ワープロでも句読点やかっこは一文字分，棒引き（――）や三点リーダー（……）などは二文字分とります。統計や年号の数字，ミドルネーム以外のローマ字は半角にします。

　変換ミス　　ワープロ（またはワープロソフト）は書いたり，訂正したり，削除・挿入したり，文章の一部を移動したり，検索したりするのにとても便利ですが，思わぬ変換ミスをしてしまうことがあります（「価値感」→「価値観」「感違い」→「勘違い」，「興味深々」→「興味津々」，「口答」→「口頭」，「週間誌」→「週刊誌」，「対称的な国家観」→「対照的な国家観」，「入獄」→「入国」）。変換ミスは，「文章チェック」機能だけでは発見できませんので，プリントアウトして校閲する（原稿の誤りや不備を調べて訂正する）必要があります。

　校正と校正記号　　レポートや論文は，できるだけ完成した形で提出するべきです。しかし，完成してからやむをえず訂正の必要がある場合は，通常の校正記号を使って，きれいに訂正します。修正液を使う場合は，乾いたあとに，きちんと読めるように書き直します。

　　例
　　(1)誤字を正す　　主席補佐官　（首）
　　(2)削除する　　民営的企業　（トルツメ）

(3)脱字を入れる　　アリカ合衆国
(4)元に戻す　　1990年5月
(5)文字や文の一部を入れ替える　　否拒する　　中国と日本の関係
(6)改行する　　日本文化の一部である。ところが，
(7)行を続ける　　日本文化の一部である。
　　　　　　　　なぜならば，
(8)句読点などの符号を挿入する　　民主的であるとはいえこうしたあり方は
　　養豚養鶏

縦書きと横書き

　縦書きにするか横書きにするかは，所属する大学や担当教員の指定があれば，それにしたがいます。紀要などに発表する場合は，編集要項にしたがいます。

　日本語は，以前は縦書きが原則でしたので，原稿の書き方に関するいろいろな約束ごとは縦書き用にできています。横書き用のルールは，まだ確定していません。現在のところ，縦書きのルールをそのまま横書きに適用したり，縦書きと横書きのルールを混用したりしています。マル（。）やテン（，）の代わりにピリオド（.）やコンマ（,）を打ち，コロン（：）やセミコロン（；）を使うなど，横書き原稿に欧文符号を援用する例も増えています。

　最近は，横書きのレポートや研究論文を求める大学や学会が増え，横書きの本や雑誌も出版されるようになりました。横書きに適したコンピューターで書く人が増えるにともない，その傾向はさらに強まるでしょう。同時に，横書き原稿に便利な欧文符号もさらに普及するものと思われます。

　横書きは，とりわけローマ字や算用数字を多く用いるレポートや論文に向いています。統計表や欧文文献一覧表などは，横書きでないと読みづらくて困ります。「四国」「五重の塔」「九十九里浜」などの固有名詞，「二，三人」「五，六軒」「数十日」などの概数，「一致」「一部分」「一元的」「二言目」「四分五裂」のような慣用語では，特別に漢数字を使うべきだという考えが定着していますが，これもいずれ変わるかもしれません。

　たとえば，横書きで「昭和59年9月21日」「昭和50年代」「昭和62年度」「1997年12月20日」「1990年代」「10,345件」「21世紀」「午前11時55分22秒」

琉球の海外交流史—Lequeoをめぐって

２年H組３２番　山田和美

王国時代の琉球は、島々を囲む海を利用して、中国はもとより、遠く東南アジアやインド洋まで交易していたといわれる。しかし、その実態は、琉球、中国、朝鮮、およびヨーロッパの記録にわずかに残っているだけである。このレポートでは、少ない記録のなかから、Lequeo（琉球）を中心に、琉球の東南アジア交易について考察したい。なお、ここでいう「琉球」とは、12 世紀ごろから 1609(慶長 14)年の島津侵攻までの、いわゆる古琉球（1）を指す。

Lequeo という言葉が最初に登場するのは、1512～15年ごろに書かれたといわれる Thomas Pires の *Suma Oriental* である（2）。それによると、当時のマラッカで、Lequeos——琉球人——がペルシャ、インド、トルコ、セイロン、ベンガル、ビルマ、スマトラ、フィリピン、

琉球の海外交流史—Lequeoをめぐって

二年H組三二番　山田和美

王国時代の琉球は、島々を囲む海を利用して、中国はもとより、遠く東南アジアやインド洋まで交易していたといわれる。しかし、その実態は、琉球、中国、朝鮮、およびヨーロッパの記録にわずかに残っているだけである。このレポートでは、少ない記録のなかから、Lequeo（琉球）を中心に、琉球の東南アジア交易について考察したい。なお、ここでいう「琉球」とは、一二世紀ごろから一六〇九(慶長一四)年の島津侵攻までの、いわゆる古琉球（一）を指す。

Lequeo という言葉が最初に登場するのは、一五一二～一五年ごろに書かれたといわれる Thomas Pires の *Suma Oriental* である（二）。それによると、当時のマラッカで、Lequeos——琉球人——がペルシャ、インド、トルコ、セイロン、ベンガル、ビルマ、スマトラ、フィ

図 7-4　ワープロ原稿の実例

は，縦書きでは

　　昭和五十九年九月二十一日，または
　　昭和五九年九月二一日
　　昭和五十年代，または昭和五〇年代
　　昭和六十二年度，または六二年度
　　一九九七年十二月二十日，または
　　一二月二〇日
　　一九九〇年代
　　一〇，三四五件，または
　　一万三四五件
　　二十一世紀，または二一世紀
　　午前十一時五十五分二十二秒，
　　または二二時五五分二二秒

のように表記します。しかし，

千九百九十七年，一九九八年，二十一世紀，十万二千三十五件

といった書き方はしません。「一つ，二つ……」のように「九」までしかない数字（ひとつ，ふたつ……と数える数字）は，原則的に漢数字を用いますが，「一次」「第一に」「第二次」などは「1次」「第1に」「第2次」でもよいという傾向にあります。

　本書は横書きですので，横書き原稿のルールにしたがって書きました。また横書き原稿を念頭に符号を説明しますが，必要に応じて，縦書き原稿の符号についても説明します。いずれにせよ，ひとつのレポートや論文では一貫して同じルールにしたがう，ということが大切です。

句読点

　句読点は，みんなが小学校入学以来親しんできたはずですが，その使用法については明確な決まりがなく，人によって，あるいはジャンルによって，異な

るようです。これは,おそらく,新聞記事でさえ句読点が一般的に用いられるようになったのは第二次大戦後であった,という歴史的な理由によるものでしょう。ちなみに,明治8年と昭和20年の新聞記事は次のようになっています(原文は縦書き)。

　　　征韓云々の一件に就き世の公論は非征韓に傾きたれ共猶或は其得失を疑ふものあり是我々が深く憂慮に堪へざる所なり何故に世の愛国を以て自ら任ずるの徒は軽忽に……。(『郵便報知新聞』明治8年8月12日付け社説)

　　　さる五月八日の総会で葬られた常用漢字千二百九十五字がその後半歳の検討をへて「千八百五十字」として生まれかわり五日の国語審議会総会で決った,「現代かなづかい」が閣議決定をへたと同様,この当用漢字表も近く閣議で承認し官庁での使用と各方面の使用を勧奨することとなるはずで,……これを"国策"として大幅にかつ強力にとりあげた点が目新しく漢字制限史に画期的な一線をひいたことになる……。(『朝日新聞』昭和20年11月7日)

　その点,かなりの共通理解ができている欧米とは違います。国語辞典も,句点は「文の切れ目にうつ記号」(『広辞苑』)とか「文の終わりにつける点」(『学研国語大辞典』),読点は「文中の切れ目にうつ記号」「文の途中に打つ点」,と述べているだけです。

　句点　　文部省(現文部科学省)は,さすがに「刊行物表記の基準」(昭和25年)でもっと具体的に説明しています。たとえば句点については,(1)一つの文を完全に言い切ったところに必ず用いる,(2)「　」(　)の中でも文の終止には用いる,(3)箇条書きや,題目や標語などの後にはつけないが(「文は人なり」ということわざ),箇条書きでも「こと」「もの」「とき」「場合」などで終わる場合にはつける,というのが原則だということです。

　ところが,この基準にしたがえば,たとえば,
　　　「……である。」,と述べた。
と書かなければなりません。

　しかし,一つの文に二つの(。)がつくのは,不自然です。そのためか,新聞・雑誌・小説だけでなく,学術書や学術論文でも「　」内の(。)は省く傾向があり

ます。

　文が(」)で終わる場合はどうでしょうか。パラグラフの最後の文の場合は，文部省の基準どおりに（。」）と書いてもおかしくありませんが，次のように(」)がパラグラフの途中にくると，不自然です。

　　「……である。」しかし，……

　(」)が「しかし」と結びついた印象を与えるからです。(」)までを文の一部だと考えると，(」。)とすべきかもしれません。実際に，(」。)と書いている論文もあります。これは，読点の使い方とも一致します。読点は，(，」)ではなく(」，)とするのが一般的だからです。英語の場合は，"……in the real world."とピリオドの後に引用符をつけるのが原則ですが，次の文との間に3字分ほどスペースをあけるので，問題は生じないのです。

　パラグラフが(」)で終わる場合も，(」)を区切り符号と考えて，新聞・雑誌や小説では(。)を省略する傾向にあります。しかし，パラグラフの途中だと(」。)または(。」)としなければならないので，一貫性がありません。文の最後は(。)で区切るという原則にも反します。

　(　)内に著者名，文献名，注釈などを入れることがあります。文中ならとくに問題はありませんが，文末に入れるときは注意します。たとえば，

　　「天は人の上に人を造らず人の下に人を造らずと言へり」（福沢諭吉『学問のすゝめ』）。

と書くべきでしょうか。それとも，

　　「天は人の上に人を造らず人の下に人を造らずと言へり」。（福沢諭吉『学問のすゝめ』）

と書くべきでしょうか。

　はたして(　)をふくむ全体で一つの文を構成しているかどうかという問題は別として，この場合は引用文と注釈の間に(。)があるのは不自然です。また，

　　「天は人の上に人を造らず人の下に人を造らずと言へり」。（福沢諭吉『学問のすゝめ』）この言葉は……

のように，(　)のあとに別の文が続くと，(　)内の注釈が前の文の一部なのか，後の文の一部なのか判明しなくなります。したがって，(。)はかっこの後につけるべきでしょう。

そういうわけで，この本では，句点は文の終わりにつけるという原則にたって，次のように統一します。

　　「　」の後の読点　　　「……である」，と述べた。
　　「　」の後の句点(パラグラフの途中)　　　「……である」。しかし……
　　「　」の後の句点(パラグラフの最後)　　　「……である」。
文末に注釈が入る場合
　　「天は人の上に人を造らず人の下に人を造らずと言へり」（福沢諭吉『学問のすゝめ』）。

箇条書きなど，他の場合については，文部省の表記基準にしたがうといいでしょう。たとえば，次のようにです。
　　1. …………こと。
　　2. …………こと。
　　3. …………こと。

　読点　　読点はさらに難物です。読点が少ないために意味がとりにくかったり，逆に読点が多すぎて文全体の関連性が分かりにくかったりします。「意味の切れ目」や「息の切れ目」につける，あるいは「読みやすくするため」につける，というのが一般的な理解です。要は，読み誤りがないようにすることと，読みやすくすることが，読点の打つときの基本です。念のため，レポートや論文では原則的にどういう場合に読点をつけた方がよいか，説明します。

①叙述の主題を示す「は」「とは」「も」などのあと(ただし，主語が短いときは省いてもよい)。
　　平和とは，……である。ローマは，なぜ滅んだのか(ローマはなぜ滅んだのか)。
②同種類の語句が対等に並列する場合。
　　日本，米国，中国の国民総生産は……。竹塀も，石塀も，木塀も……。
③文頭におく接続詞および副詞の後。
　　したがって，こうした条件のもとでは……。
④引用符の有無に関わらず，引用文の後を受ける「と」の前。
　　「……」，と書いている。……である，と彼は述べている。
⑤誤読のおそれがある場合。

普通，乗車券は必要だ。夜，道を歩くと……。
⑥読みやすくするため。
　当時の衆議院議長，土井たか子は，……。昨年，年季奉公を終えた。あじや，さば。
　横書きの原稿で数字を示して列記する場合は，
　1. ………
　2. ………
あるいは
　ア. ………
　イ. ………
のように，（。）や（，）より，（．）を使う方が似合うようです。
　縦書きの場合は，
一´ ………
二´ ………
三´ ………
あるいは
イ´ ………
ロ´ ………
ハ´ ………
と書いたらいいでしょう。

符号

句読点以外の他の符号の原則的な使い方について説明します。

見出し符号　　（ⅠⅡⅢ，１２３，(1)(2)(3), 1. 2. 3., イロハ，アイウ，ＡＢＣ，ａｂｃなど）。

　項目を列記する場合に便利です。見出し符号は，大項目にはⅠⅡⅢ，中項目には(1)(2)，小項目にはａｂｃというように，一貫性をもって使うようにします。

　横書きでは，一二三，㈠㈡㈢、一条第二項のように，漢数字で表記するのは避けた方がよいでしょう。

なかぐろ(・)　　「なかてん」「黒丸」「ぽつ」とも呼びます。

符　号　　117

　　a. 名詞を並列するとき　　陸・空・海軍，ヤード・ポンド法，イラン・イラク戦争
　　b. 外国人（漢字表記を除く）の姓と名の間に用います。インディラ・ガンジー，サー・ウィンストン・チャーチル，ジョン・F・ケネディ，キム・イルソン，アウン・サン，ダライ・ラマ，チンギス・ハーン

外来語，外国語，外国の地名（漢字表記を除く）については，中黒のつけ方が一定していません。最近，新聞や雑誌では，複数の単語からなる長い複合語でも，中黒をつけない例が増えているようです。

　　クリスマスカード，マーケットリサーチ，ドラッグストア，ソシオマトリックス，フォトジャーナリスト，レギュラーメンバー，アチーブメントテスト，ロックフェラーセンター，パプアニューギニア，プリンスエドワード島，ツーバイフォー

しかし，それぞれの語の独立性が強く，くっつけると判読しにくい（すなわち日本語の用語として定着していない）場合は，中黒をつけた方がよいでしょう。

　　バーチャル・リアリティ，アトランタ・オリンピック，ハリファックス・サミット，ニューヨーク・タイムズ，ピア・レビュー・システム，ユニオン・ショップ，マドリッド・プロトコール

　　c. 省略符号として　　本名・萬次郎（本名は萬次郎），東京・中央区（東京の中央区）
　　d. 言葉を分ける必要がある場合　　『新・米国紀行記』，ドゴール・フランス大統領
　　e. 縦書きの場合の小数点　　五・五ヘーキン

かっこ（（　））　　パーレン（＝parenthesis）ともいいます。山がっこ（〈　〉），二重かっこ（《　》）や亀甲（〔　〕）は，その仲間です。

　　a. 語句や文のあとに注記を加えるとき　　長谷川如是閑（1875-1969），「改定現代仮名遣い」（内閣告示），英吉利法律学校（のちの中央大学），「……反知識主義の社会ではなかった」（斉藤　眞『アメリカとは何か』）
　　b. 引用文で言葉を補うとき　　「そこ（産業界）では，女性の権利は無視されていた」（次の亀甲を使う場合もあります）

山がっこ（〈　〉），二重かっこ（《　》），亀甲（〔　〕）　　語句や表現をとくに強

調したり，パーレンのなかの文の一部をさらにかっこでくくるときなどに用いることがあります。

  例 「古代のレトリックは，第一に《説得する表現の技術》……」（佐藤信夫『レトリック感覚』）
   このばあい〈観念〉と〈行為〉とのあいだにの不釣合が〈異常〉あるいは〈病気〉と云えるようになるのは……（吉本隆明『書物の解体学』）
   新しい外交路線（これをマルケスは〔機転外交〕と称した）

かぎかっこ(「　」)　「かぎ」ともいいます。
 a. 語句や文を引用する場合　和辻哲郎は「風土」という言葉を「ある土地の気候，気象，地味，地形，景観などの総称」と定義した，「法の下の平等」に反する，「知らない」または「聞いたことがない」と答えた人の割合
 b. 語句を強調する場合　「家柄」や「学歴」の重要性，愛称「サンタエビ」
 c. 特定の用語　リンカーンの「ゲティスバーク演説」「Ｄデー」「トルーマン・ドクトリン」「21世紀を考える会」「若者の飲酒を考えるフォーラム」「2・26事件」
 d. 雑誌や本に掲載された論文，未刊の学位論文，記事，展示会，演説などのタイトル　「情報革命と大国の興亡」「天声人語」「マイ・フェア・レディ」，「シルクロード大美術展」。日本語ウェブサイトのタイトルも「　」でくくります。

かぎ(「　」)の代わりに，欧文の引用符（" "）や（" „）を使う人もいますが，混用しない方がよいでしょう。

二重かぎかっこ(『　』)
 a. 書名や新聞・雑誌名　『長谷川如是閑評論集』『中央公論』『ルモンド』
 b. 曲名，レコード名，演劇名，映画名，番組名など　ビートルズの『イエスタディ』『スイッチト・オン・バッハ』『カサブランカ』『ポップ・ミュージックの時間』
 c. 引用符「　」の中に，別の引用文や引用句，あるいは論文名を入れるとき　「『狂信派』というのは……」（A・J・トインビー著，深瀬基寛訳『試練に立つ文明』），

「ジョージ・ケナンの論文『ソビエトの行動の源泉』は……」

なお，欧文の本や雑誌は，イタリックまたは下線で示します。

例　*The Bush Garden : Essays on the Canadian Imagination*, <u>The Foreign Affairs</u>

ただし，欧文の本や雑誌であっても，内容が日本語であれば，『Eats』のように二重かぎかっこに入れた方がよいのかもしれません。

ダッシュ(—)　「中線」ともいい，二分ダッシュ(-)，全角ダッシュ(—)，二倍ダッシュ(——)の三種類があります。

　a.　二分ダッシュは，期間を示す場合や，ローマ字単語や固有名詞の一部として用います。　1929-1979, court-martial, D. O. M-T. O. M, Etats-Unis, ド-ゴール（または，ド=ゴール）

　b.　全角ダッシュは，位置の範囲や対置を示す　　東京—ニューヨーク間，支配—従属の関係

　c.　二倍ダッシュは，文の途中で補足説明あるいは注記したり，文の最後で余情効果をもたせる場合のほか，書名や論文名の一部として用います。

　　「いま残存しているもっとも古い西欧国家——たとえばフランスとかイギリス——も……」(前掲『試練に立つ文明』)。

　　「役目や義務でやむをえない場合でなければ，こういう人々と係り合いになるべきではない——」(ショーペンハウエル著，細谷貞雄訳『知性について』)。

　　『メディアの文明史——コミュニケーションの傾向性とその循環』

波ダッシュ(〜)

　期間またはページの範囲を示すとき　　15〜18 ページ

リーダー(……)　「てんてん」あるいは「点線」とも言います。

　a.　文の一部を省略したことを示す。

　　「日本国民は，……われらの安全と生存を保持しようと決意した」(『日本国憲法』)

　　新聞は，1 ページ，2 ページ，3 ページ……と順序よく読む方がよいか。

　b.　余情を残すように文や語句の一部を省略したことを示す。

　　「内地でのほほんと暮らしている奴らのために我々はこんなにまで苦労

せねばならぬのか……」(『きけわだつみのこえ』)
　c. 欧文の場合は3個のドット(...)で省略を示します。文頭だと直前の文のピリオド，文末だとその文のピリオドを含めて，ドットが4個になります。

下線やわき点　　研究レポートや論文では読みにくくなるので，乱用を避けた方がいいでしょう。
　とくに注意を求めたり，特殊な表現を用いるとき　　自分の人となり
精神的死亡
　縦書きでは，言葉の右わきに傍線または傍点をつけます。

ママ　　引用文に間違い，特殊な表現，現在はあまり使われない表現などがあるとき，その箇所に(ママ)とルビをふって原文どおりであることを示します。
　平塚雷鳥の「原始婦人(ママ)は太陽であった」という宣言(正しくは，「原始，女性は……」，「前進(ママ)するほかなかった」(「後退」が正しい場合)，「ベルリ(ママ)提督」(現在は「ペリー」と表記)

クォーテーション・マーク(" ")または(' ')
　引用符のなかに引用文があるときは，異なる引用符を使います。
　　欧文を引用するとき　　"small and isolated communities surrounded with a physical or psychological 'frontier,' separated from one another...."
　　欧文の論文や記事を表わすとき　　Morton White, "Reflections on 'Anti-intellectualism'"
　言語学や神学では，特殊な言葉や概念をシングル・クォーテーション・マーク(' ')でくくります。
　日本語の文章で，「いわゆる○○」の○○にあたる部分を，クォーテーション・マークに似たチョンチョン("　")または("　〃)でくくることがあります。
　　例
　　「戦闘が〝事実上〟やむをえぬ〝国難〟というふうに」(児島襄『太平洋戦争』)

その他の符号(/, ○, ◎, △, →, %, :, ;など)
　これらの符号のうち，○，◎，△などは項目を列記するとき，→は「移

動」や「変化」の印として，/は言葉や期間を区切る"and"の意味で（エリック・ターナー/ジョン・モリソン著，1995/97）用いることがあります。

コロン（：）は，欧文や欧文文献の一部として，あるいは社会学，心理学，民族学などの文献の一部として用いることがあります。

　　Two Nations : Black and White，森山（1997：56-60）

次のような日本語論文（横書きおよび縦書き）の表題や使用法もでてきました。

　　例：大平洋沿岸

　　面積：340 平方キロ

なお，東京大学大学院の『ソシオロゴス』のように，特定の文献表示法（「ソシオロゴス方式」）によって，（→）は改版，（＝）は翻訳，（；）は同一レベルの書誌記述の区切り，などと定めているところもあります。特定の研究グループや学会が独自の表記法を定めると，部外者とのコミュニケーションを阻害する恐れがありますので，普遍的な表記法の確立が望まれます。

8章　注・注記・引用・文献一覧

　「注」とは，本文の意味を説明したり解説したりすることを示すもので，その内容を書いたのが「注記」です。「注記」は「注釈」と同じ意味だと考えたらよいでしょう。かつては，「註解」「註釈」「註を加える」のように，「註」の字を使っていました。しかし，「註」は「注」より生じたと言いますから，「注」の字を使ってもかまわないでしょう。

文献注と説明注
　注記には文献注(reference notes)と説明注(content notes)の2種類があります。またおく場所によって，「割注」「脚注」「後注」に分けられます。文献注は参照した文献(本，論文，書簡など)の出所(著者，書名，発行所，発行年，ページなど)を明らかにし，説明注は本文の内容を補足するものです。「割注」「脚注」「後注」については，以下の文中で説明します。なお，あとで述べるように，「注」と「参考文献」は異なります。文献の並べ方も違います。
　コンピューター(またはワープロ)に脚(後)注機能があれば，それを使うことにより，自動的に必要な部分に注記番号をつけ，ページの最後，章の最後，あるいはレポートの最後に注記をおくことができます。

　注の形式　もっとも簡単な例は，先にあげた，長谷川如是閑（1875-1969)，英吉利法律学校（のちの中央大学）や，権力政治〔パワーポリティックス〕のように，語句や文の直後に（　）や〔　〕で「注」を示して，そのなかに注

記を書く方法です。〔アメリカの独立〕革命，のように，言葉を補うときにも使えます。日本の本では，本文より小さい活字で2行に書く，すなわち割り書きする割注(わりちゅう)が使われることがありますが，出版する場合はコストが高くつき，レポートや論文の場合は読みにくくなりますので，2行に割らないで本文の同じ大きさで書くようにします。挿入注またはかっこ注と呼んだらいいでしょう。

　詳しい説明や文献名を「注記」にする場合は，パラグラフの直後，ページの最後，節や章の最後，または文章の最後におきます。ページの末尾におくのが脚注(footnotes)，レポートや論文の最後におくのが後注あるいは文末注(endnotes)です。*A Manual for Writers of Term Papers, Theses, and Dissertations* によれば，米国の卒論・修論や博士論文では伝統的に脚注が好まれてきたが，現在は挿入注が推奨されているとのことです。他のレポートでは，脚注がより一般的だそうです。日本語のレポートや論文で脚注が使われることは，ほとんどありません。しかし脚注は本文を参照するのに便利だし，ワープロだと簡単に脚注を作ったり動かすことが可能なので，今後は脚注が増えるでしょう。

　「注」や「注記」を示す方法は担当教員や学問分野によって違いますので，教員の指示をあおぐか，それぞれの分野の学術書や学術論文の例を参考にしたらいいでしょう。

　番号注　注の方法のひとつは，本文の注意箇所のわき(縦書きの場合は行の右側，横書きの場合は上方)に[1][2][3]と小さく数字を書き，その番号にあわせて最後に注記するやり方です。仮に番号注と呼ぶことにします。政治学や歴史学では，この方法を使うのが通例です。ワープロソフトに小さな注番号を入れる機能がなければ，注記箇所の後に〔1〕〔2〕〔3〕のように書きます。数字をかっこに入れない場合もあります。文献は，著者名・文献名・発行所・発行年・ページ番号の順に書きます。

　　例
　　　……「額の汗理論」[4]と呼ばれる。
　　　ジョージ・ケナンは，米国が1944年夏以降も武器貸与を続けた点が，米国の対ソ戦時政策の大きな「実質的な非難」の対象になった，と説明している[5]。

ケナンはまた，戦後のソ連について……と考えていた[6]。

　上記に対する注記は，たとえば次のように書きます。5.が文献注，4.と6.が説明注の例です。

　　4. 著作権はデータ編集にかかった労働に対する報酬，という考え方。
　　5. ジョージ・ケナン（近藤晋一・飯田藤次・有賀貞訳）『アメリカ外交50年』岩波書店，1991年，134ページ。
　　6. ケナンが *Foreign Affairs*, 15: 4 (July, 1947) に発表した論文「ソビエトの行動の源泉」を参照。この論文で，ケナンは……。

　句読点のところに番号をつける場合，その前につけるか後につけるかが問題になります。欧文論文では，番号は句読点の後につけますが，句読点と次の文の文頭の間にスペースがあるので，番号がどの部分を指しているか明白です。しかし，日本語の場合，[1][2][3]……のように番号が小さく上つき（肩つき）にできる場合や番号がパラグラフの最後にくる場合は問題ありませんが，下記のようにすると，番号が前の部分の一部なのか後の部分の一部なのか，まぎらわしくなります。

　　　ケナンはまた，戦後のソ連について……と考えていた。(6)と同時に……
　　　ケナンはまた，戦後のソ連について……と考えていたが，(6)国務省としては……

したがって，
　　……と考えていた[6]。
　　……と考えていた(6)。
　　……と考えていた[6]。と同時に……
　　……と考えていた(6)。と同時に……
　　……と考えていたが[6]，国務省としては……
　　……と考えていたが(6)，国務省としては……

のようにするか,次のように書きます。
　　……と考えていた。⁽⁶⁾
　　……と考えていた。⁽⁶⁾と同時に……
　　……と考えていたが,⁽⁶⁾国務省としては……

　レポートでは,最初から最後まで⁽¹⁾⁽²⁾⁽³⁾……と通し番号をふり,最後の〈注〉のところで番号順に引用文献をあげたり,説明を加えたりします。卒論や修論などの長い論文では,番号は章が変わるごとに新たに番号をつけ,巻末の〈注〉で章別に注記を並べます。

　挿入注　　もうひとつは,注意箇所に挿入符号の亀甲〔　〕またはブラケット［　］を付し,そのなかに出典文献の著者,出版年,ページ番号を書きこみ,番号をつけないで注記する方法(「著書・年号システム」)です。仮に挿入注と呼びましょう。社会学,文化人類学,民族学,心理学,自然科学などで使われています。文献名のあげ方も,番号注の場合とは違います。

　　例
　　　ジョージ・ケナンは,米国が1944年夏以降も武器貸与を続けた点が,米
　　国の対ソ戦時政策の大きな「実質的な非難」の対象になった,と説明して
　　いる［ケナン,1991:134］。

　巻末には,次のように記します。
　　ケナン,ジョージ,1991『アメリカ外交50年』(近藤晋一・飯田藤次・有賀
　　貞訳)岩波書店。

　挿入注の場合は,これが同時に「参考文献」になりますので,別に参考文献をあげる必要はありません。
　手紙や電報などを引用するときは,送り手と宛先の名前と日付,テープや聞き書きの内容を引用するときは聞き手,発言者,日付,場所を明記します。
　注記の仕方については,本章の最後にさらに詳しく例示します。卒業論文,修士論文,学術書などの場合,「注記」とは別に,巻末に文献一覧表をあげます。

著作権と引用の要件

　引用とは　　他人の著作物から言葉や文章などを借用することを引用(citation)といいます。著作物とは，小説，雑誌の論文や記事，百科事典，講演，翻訳，漫画，曲，歌詞，舞踊，絵画，彫刻，映画，写真，コンピューター・プログラムなど，「思想又は感情を創作的に表現したもの」を指します。テレビやラジオの番組における発言なども著作物と言えます。必ずしも，小説家，論文の執筆者，カメラマン，映画製作者や映画会社，漫画家，作曲家，作詞家といった「専門家」の作品に限りません。小学生の作文や図画，大学生のレポートや論文も著作物です。

著作物には著作権があります。これは，著作者が自分の作品に対する財産権や人格権を守るための権利です。他人の著作物からその文章の一部や，そこに表明されている意見やアイデアなどを，あたかもあなた自身の文章，あなた自身の意見やアイデアであるかのように提示すると，財産権を侵害したこと，また内容を変更するなどして提示するのは人格権を侵害したことになります。したがって，引用する際にもっとも大事なのは，引用した部分の出所を明らかにすることです。たとえば本からの引用であれば，著者名，書名，出版社名，出版年，ページ番号を明示します。講演であれば，講演者名，会議名，講演場所，講演日などを示します。

引用の要件 著作物が自由に引用できるためには，著作権法第32条により，次の要件が満たされなければなりません。

①「公表された著作物」であること。公表されていれば，どんな著作物でも引用が認められます。逆に，手紙や日記のように，未公表の著作物は，当事者の許可がなければ引用すべきではありません。研究者自身がおこなったインタビューでも，公表するためには相手の許可を得るべきでしょう。「無断転載を禁ず」と明示している著作物から転載（あとで説明します）するには，著者や出版社の許諾が必要です。

②引用が「公正な慣行に合致するもの」であること。自分の論を展開するため，あるいは他人の考え方を批判する場合のように，社会通念上必要と認められる引用は，公正な慣行に合致するものと考えられます。

文章や語句の引用は，参照した資料（史料）を紹介し，また論の展開を補強するためにおこなうものですから，当然ながら自分自身の叙述部分と区別しなければなりません。そこで，自分の叙述部分に文章の一部を引用符（「　　」，欧文の

場合〝 〟)でくくって引用するか，多少長いものは「 」や〝 〟でくくる代わりに別の段落(他の段落より2字下げる)にして，引用であることを明示します。別の段落にする場合，引用符でくくる必要はありません。

　③原則として，原文はそのまま引用しなければなりません(著作権法20条「同一性保持権」)。著作者の人格権を保護するためです。ただし，著作物の一部を，そのまま引用するのではなく，要約して引用する(paraphrase)ことは可能です。もちろん，勝手に文意を変えてはなりません。その場合も，また著者の考え方などを参考にした場合も，注記番号や挿入注をつけ，レポートの最後に文献名をあげます。

　④引用が，「報道，批評，研究その他」の目的のためになされ，しかもそれが「正当な範囲内」であること。「正当な範囲内」というのは，たとえば，数ページにわたる引用や，内容や分量の点で借用部分が論文の中心を占めるような引用は許されない，ということです。レポートや論文は，あくまで自らの論述を主とすべきで，引用はそれを補強説明するためのものとして最小限にとどめなければなりません。

　出所の明示　　引用するには，著作物の出所(出典)を明示しなければなりません(著作権法第48条)。上記のように，たとえば引用箇所に注番号をつけ，章の終わりや巻末に，著者名，書名(あるいは雑誌名と論文題名)，発行所名，刊行年，ページ番号を表示します(参考文献一覧では，引用ページを示す必要はありません)。中公新書とか岩波文庫というのは本の大きさや普及版(廉価版)を示すもので，発行所ではありません。文献名を示すときは，正確に，中央公論社とか岩波書店とかと書きます。

　一般に，著書(論文集をふくむ)や定期刊行物のタイトルは二重引用符(『　』)に，論文や著書のなかの一章，記事などのタイトルは普通の引用符(「　」)に入れます。欧文の著書や定期刊行物は下線を引くかイタリックにし，論文などは〝　〟でくくります。

　同一性保持の例外　　前述のように，「同一性保持」により，引用者は著作物の内容を勝手に変更することは禁じられています。忠実に転写するのが原則です。しかし，学校教育上やむをえない用語や用字の一部変更，著作者の人格を害しない程度の改変，著作物の性質や引用の目的によって「やむをえないと認

められる」その他の改変も，例外的に認められています。原文（翻訳文をふくむ）に句読点を加えたり，傍線や傍点をつけたり，原文の一部を書き換えたり省略するなど，何らかの手を加える場合は，〔注・表現を若干変えた〕〔注・新字体に統一した〕〔注・傍点は筆者〕〔中略〕のように，そうした変更が筆者によるものであることを注記します。

引用の対象　「思想又は感情を創作的に表現したもの」であれば，書籍や論文だけでなく，講演（原稿および講演そのもの），図表，写真，絵画，地図，図面なども，著作権法で保護されます。したがって，これらを引用・参照する場合も，次のように出所を明らかにしなければなりません。

　　例

　　　出典　ILO『労働統計年鑑』（1996年度版）。

　あるいは，

　　　ILO『労働統計年鑑』（1996年度版）にもとづいて作成。

電子メディア情報　コンピューターの発達と普及によって，CD-ROM やディスケットによって，あるいはインターネットを通じて，国内外のレファレンス（百科事典など）情報，雑誌記事，論文，広報資料，統計などが容易に入手できるようになりました。個人や機関が提供している情報（文章，写真，図表など）であっても，著作権で守られていますので，電子メディアから得た情報を引用・参照するときも，本や雑誌の場合と同じように，出典（情報源）を明記します。

外国語文献からの引用　外国語文献から引用するときは，原文のまま引用するのではなく，できるだけ忠実に日本語に翻訳します。日本語文献の場合と同じように，引用のルールを守ることには変わりはありません。外国の文献から図表を引用するときも，日本語に直し，出所を明らかにします。あなた自身の翻訳であれば（筆者訳）と書き，他人の翻訳を借用する場合は訳者名と邦語訳の文献名をあげます。

転載と引用　欧米の文献には，よく，「この出版物のいかなる部分も，書面による出版社の許可がなければ，電子的か機械的かを問わず……いかなる形式あるいは方法でも再製または伝達してはならない」という警告が記されています。日本語の本にも，「無断転載を禁ず」という表示があります。転載とはどう

いう意味でしょうか。引用も転載に含まれるものとして，書面などで許可を求める必要があるのでしょうか。

転載とは「すでに刊行された書物・新聞などの記事や写真を，他の出版物にそのまま載せること」(『大辞林』(第2版)三省堂)です。たとえば一般紙の記事をそのまま学校や団地の新聞に掲載するとか，他人の論文をそのまま自分の本に掲載すれば，転載となります。インターネットのウェブサイトの文章や写真を自分のウェブサイトやレポートに移して使うのも転載です。このような転載については，出版社やウェブサイト所有者に書面などで了解をとる必要があるわけです。

行政機関が公表する広報資料や統計資料などは，通常，新聞や雑誌などに転載することが認められており，あるいは他の著作物でも条件つきで教科書に転載できます。しかし，他人が作成したものをそのままレポートや論文に転載して，あたかも自分自身が作成したごとく提出するのは，明らかに違法行為です。

転載は，自分の考えや主張などを補強するために，著作物のごく一部分を公正(出所を示す，批評や研究などが目的であるなど)に引用するのとは，明らかに違います。すでに述べたように，公正に引用する場合は，著者や発行元の許可を得る必要はありません。

著作権保護対象外の文献　次のような文書は，公有物(public domain)だとして，著作権が保護されません(著作権法第13条)。すなわち，だれでも引用文献名をあげないで自由に利用できます。

1. 憲法その他の法令
2. 国や地方公共団体の告示，訓令，通達など
3. 裁判所の判決，決定，命令など
4. こうした判決，決定，命令などの翻訳物や編集物で，国や地方公共団体の機関が作成するもの。

政府機関の広報資料や報告書であっても，「転載禁止」と表示されている場合は，著作権が保護されています。国が発行する白書や，高度に学術的意義をもっている著作物も，著作権が保護されていると考えられます。

「事実の伝達にすぎない雑報……(や)報道」は，著作権の保護を受けません(著作権法第10条2項)。たとえば，二国間で条約が締結された，どこかで戦争

や地震が起こった，麻薬が押収されたというような報道記事には創作性が認められません。単に事実を述べただけで，必ずしもA紙でなくても，他の報道機関の報道で知ることができるからです。学術的な性質をもつもの，署名が入っているもの，および転載禁止の表示がある場合を除き，新聞や雑誌に掲載された時事問題に関する論説も，自由に転載できると考えられます。

著作権のない文献からの引用　ただし，著作権がないからといって，必ずしも出所を示す必要がない，とは言えません。著作権の期限が切れた著作物は公有物（public domain）となりますが，これはたとえばギリシャ時代の哲学書，シェイクスピアの作品，明治時代の出版物などは誰でも翻訳，出版，翻案あるいは映画化してもよいということであって，レポートなどで引用する際は当然出所を明示すべきです。法律や政府の広報資料についても，同じことが言えます。それが学問的良心というものです。

出所を示す必要のないもの　日本の人口のように国勢調査によって明らかにされている一般常識的な事実，義務教育で習うような知識，歴史的通念，多くの文献に載っているような情報，人々の共有財産になっている知識（たとえば聖書や仏典の内容，新聞で報道されていることがら，概念，ことわざ，政府の政策，標語など）などは，とくに出所を明らかにする必要はありません。

たとえば，「日本国憲法は基本的人権を保障している」「太平洋戦争は1941年12月，日本のパールハーバー爆撃により始まった」「『天は人の上に人を造らず人の下に人を造らずと云へり』という福沢諭吉の言葉」といった文章は，「思想又は感情を創作的に表現したもの」ではないので，著作権はないと考えられます。また，上記のように，新聞などに何らかの事件の詳しい報道があっても，そこに含まれている事実に著作権はありません。こうした事実は出典を示す必然性がないので，文章をそのまま書き写さずに，事実をもとに自分で表現しなおしたらよいでしょう。

引用のためのヒント

すでに述べたように，自分の論証を補強するために，他人の情報や考え方を借用する，というのが引用です。引用は，自分の考えや論理（主）を補強する（従）ためであって，単に論文に権威をもたせたり，スペースを埋めたりするための

ものではありません。そこで，何をどう引用するか，いくつかヒントをあげておきます。

①何よりも，上記の「主・従」の関係を確認して下さい。本や概念を要約するような課題を除いて，自分のレポートや論文を，他人の考えにそって，あるいは他人の考えを説明する形で論じるのは，間違っています。レポートや論文で引用するのは，できれば自分の文章の10分の1以下にとどめた方がよいでしょう。

②二次資料からの引用は，できるだけ避けるようにします。たとえば「日本国民の68パーセントが中流意識をもっている」という新聞記事は，二次資料です。本来ならば，調査をおこなった機関の資料を使うべきです。

③資料的価値の高いものを引用します。たとえば，「大阪府の岡本寿恵昌さんは，集めた牛乳パックを手すきで画用紙などに再生している。月平均では，牛乳パック300キロ程度で，葉書にして1万枚分の再生紙を作る」(『朝日新聞』1990年5月12日)は，引用に値するでしょうか。一般的に，新聞や雑誌の記事は，そのときどきの事象をジャーナリスティックに報道したものが多く，信憑性・確実性・客観性に欠けます。上の記事も，1個人のおよその作業量を伝えているだけで，科学的・実証的に調べた結果を報道しているわけではありません。報道や論評に関する研究でなければ，新聞や雑誌の記事や論評はレポートや論文の資料としては価値が低い，と考えた方がよいでしょう。

日本のエネルギー問題について書く場合，次の文章は引用する必要があるでしょうか。

> わが国では現在電気の約70％が石油によって作られている。その使用量はいま日本が使っている石油の約5分の1というばく大な量に当たる。しかし国内にはほとんど石油資源がないわが国では，石油の99.8％が輸入である。石油ショック以来，石油は値上げされる一方であり，その上石油資源にも限りがあるためこの先思うように輸入できるかどうか不安である」
> (星野芳郎『エネルギー問題の混乱を正す』技術と人間社，1989年)。

ここに使われている数字は，すべて公的機関の報告書から得たと思われます。

したがって，一次資料としての価値はありません。「不安である」というのも主観的表現ですので，レポートに引用する資料的価値があるとは言えません。

それに比べて，研究対象者の手紙や日記，厳密な調査法にもとづく観察記録やアンケートの結果，研究者が自ら調べあげた事実，深い考察や洞察のなかから生まれた分析結果や概念，科学的に分析した結果，公的機関の統計や文書などは，資料的価値が高い，と言えます。

④引用には，「直接引用」と「間接引用」があります。下記の例のように，他人の言葉をそのまま借用するのを「直接引用」，それを自分の言葉に言い換えて借用するのを「間接引用」と言います。参照した文献の一部を要約（paraphrase）するのも間接引用です。世論についてのウォルター・リップマンの考え，大衆社会についてのチャールズ・ライト・ミルズの分析，タテ社会についての中根千枝の研究，リースマンの「他人志向型」概念，チョムスキーの言語論，D・ミトラニーの機能主義理念などは，一言で説明できるものではありません。そこで，レポートや論文では，これらの考え方や概念を自分の言葉で要約することになります。

直接引用の場合は，引用部分をかっこ（「　」）に入れます。

直接引用　佐々木毅によれば，米国は建国の当初から「自由と平等，人民主権を基本原理として作られた史上最初のイデオロギー国家」[1]であった。

間接引用　米国は，建国当初から，ヨーロッパの伝統的な保守主義とは無縁であり，むしろヨーロッパ的な保守主義をまったく否定する自由，平等，民主政治といったリベラリズムを選択した，と佐々木毅は論じている[1]。

いずれの場合も，次のように出典を明記します。
（1）佐々木毅『アメリカの保守とリベラル』（講談社，1993），p. 10

いきすぎた引用　研究者によっては，ほとんどすべてのセンテンス，あるいはすべてのパラグラフに参照した文献名をつける人がいますが，これはいきすぎです。研究論文は，研究者自身の研究成果を示すもので，文献の寄せ集め

であってはならないからです。注記は，自らの論拠を補足するものであって，論拠そのものであってはなりません。

一次資料と二次資料

　引用にあたっては，できるだけ資料的価値の高い文献を利用するようにします。とりわけ独自性や創意性が求められる学位論文などの場合は，主として一次資料にもとづいてまとめるべきです。論文審査では，利用された資料の質と範囲が問われることが少なくありません。

　一次資料　　一次資料（primary sources）というのは，たとえば日記，日誌，手紙，公文資（史）料，聞きとり調査やアンケートで得た情報，自ら導きだした数理分析の結果などを言います。特定の資料の価値は一定しているわけではありません。たとえば政治や経済に関する資料としては価値のない週刊誌や新聞の記事でも，マスメディアや社会史の研究では一次資料になりえます。チラシやマッチのラベルさえ，ときによっては一次資料になります。

　阿部謹也は，「世間」という言葉の意味を探るために，和歌を調べました（『「世間」とは何か』講談社）。「和歌こそ，個人と周囲の環境との関係を個人の感性に基づいて表現した稀有の史料」だと考えたからです。阿部は，和歌だけでなく，さらに『源氏物語』『徒然草』『日本永代蔵』『坊ちゃん』など，さまざまな文学作品に「世間」の姿を求めています。文学作品も社会科学の一次資料になりうるという，好例です。国語辞典の記述を一次資料に用いた例もあります（ことばと女を考える会編『国語辞にみる女性差別』三一書房）。

　二次資料　　これらの資料や史料にもとづいて書いたのが二次資料（secondary sources）あるいは間接資料で，一次資料と比べて精度が低いと考えられます。市販されている大半の本は，二次資料とみなしてよいでしょう。ただし，たとえば宮沢賢治の本を資料として分析する場合は，その本が一次資料となります。主として二次資料を使った文献は，重要度がさらに低下します。

　もちろん，二次資料や三次資料にも，貴重な情報やヒントを与えてくれる本，示唆に富む本など，すぐれた内容のものは少なくありません。修士論文ともなれば一次資料が重要ですが，大学生はまず市販の本や学術書を参考にしたらよいでしょう。大学生も卒業論文にはできるだけ一次資料を使った方がよいので

すが，市販の本（とくに学術書）も大いに利用すべきです。たとえば先にあげた江藤淳『閉ざされた言語空間──占領軍の検閲と戦後日本』（文芸春秋，1994年）は米国占領中の日本における新聞・雑誌検閲について，竹山昭子『戦争と平和──史料が語る戦時下情報操作とプロパガンダ』は戦時中の日本の情報操作について，情報とアイデアの宝庫です。

孫引き　「引用の引用」すなわち「孫引き」を避け，できるだけ原典にあたるべきだというのも，資料的精度を高めるためです。最初に原典から引用されたとき，間違って引用されたり，著者の意図を曲げて引用されたかもしれないのです。

学生のレポートなどでは時間的あるいは資料的制約のため，ある程度の孫引きは避けられないかもしれません。ただし，一次資料が入手不能のためやむなく孫引きせざるをえない場合は，原典ではなく，実際に引用した文献をあげます。

例1

地［地球］の性質とか位置について議論することは，未来の生活によせるところに架けられた（ヨブ記26章7節），と聖書が述べていることを知れば充分である。そう書かれている以上，神がそれを空中に架けられたのか，それとも水の上に架けられたのかをめぐってなぜ議論するのか」とリップマンは書いた[7]。

〈注〉

(7) ウォルター・リップマン（掛川トミ子訳）『世論（上）』岩波書店，1987年，16ページ。

例2

4世紀のあるミラノの司教は，地球の性質とか位置について議論することは将来の生活にとって無意味だと述べたという。神は，地球を無の中に架けたと聖書に書かれており，それを信ずればいい，というのである[7]。

〈注〉

(7) ウォルター・リップマンが，『世論（上）』（掛川トミ子訳，岩波書店，1987年）で引用した，聖アンブロシウスの考え。リップマンは，聖アンブロシウス

の言葉を，Hexaemeron, i. Cap 6, *The Mediaval Mind*, by Henry Osborn Taylor, Vol. 1, p. 73 から引用した。

注記の方法

　先にあげた文献注記の方法を，ここで少し詳しく説明します。大学や教員によって独自の注記法を指定する場合は，それにしたがった方がよいでしょう。ひとつの論文では，一貫してどちらかひとつを使います。なお，「著者」は，必ずしも個人または複数の個人にかぎりません。政府機関，団体，企業などの場合もあります。文献によっては，著者が記載されてなかったり不明のこともあります。「著者」ではなく，「編者」があげられている場合もあります。発行所も，出版社とはかぎりません。著者(編者)名と文献名，文献名と発行所の間に一マスあける学生がいますが，その必要はありません。

　ところで，本の場合，引用出典の注記に必要な書誌情報は，どこを見たらよいのでしょうか。書名や著者名は表表紙，本扉(見返しの次ページ)，背表紙，そして最終ページの奥付に載っていますが，それぞれ微妙に違う場合があります。たとえば和辻哲郎の著書名は，表表紙と本扉では『風土──人間学的考察』ですが，背表紙と奥付では単に『風土』となっています。また表表紙と背表紙には「岩波文庫」，本扉には「岩波文庫」と「岩波書店」，奥付には「発行所　岩波書店」と書いてあります。他の本を見ると，出版年に西暦が使われていたり日本の年号が使われたりしています。出版年だけでなく，月日まで載っています。奥付には、第 x 版とか第○刷というのもあり，混乱します。

　「第 1 版発行」というのは初版，「第 1 版第 2 刷」というのは初版の紙型やフィルムをほぼそのまま使って 2 度目の印刷・製本をした本のことです。「第 2 版」とか「第 3 版」というのは，内容(ときには判型や表紙デザインのみ)に変更を加えたために，版を組み直して印刷した本で，「増補版」「新版」「改訂版」も同じ意味で使われます。

　そこで，引用出典に関する情報(データ)については，基本的には次のように考えたらよいでしょう。

　①著者名と書名は，本扉に記されているとおりにする。書名に主題と副題がついている場合は，原則として(──)でつなぐ。

②出典の出版年は，できるだけ西暦に統一する。本の場合，月日は記さない。
③発行元（たとえば岩波書店，中央公論社，朝日新聞社）の名前を記し，判型（岩波文庫，中公新書，朝日選書）はとくに必要がなければ省略する。
④典拠（参照）した版を記す。参照した本の奥付に，たとえば「1960年4月10日　第1版第1刷発行．1995年3月5日　第3版第6刷発行」とあれば，参考文献としては『書名』（第3版あるいは改訂版）発行所名，1995年，と表記する。すでに出版された本が文庫版として同じ出版社から，あるいは別の出版社から出版される場合は，たとえば「岩波書店〈文庫版〉」と表記する。
⑤旧字体の出版社名（文藝春秋）は，新字体（文芸春秋）に改めてもよい。
⑥出典表記にはISBN（国際標準図書番号）や図書館の図書番号は使用しない。
⑦著者，発行所，刊行年などが不明の場合，（著者不明）などと書く。

番号注の注記　まず，上記の番号注に対応する方法，すなわち引用または参照した箇所に(1)(2)(3)と番号をつけ，章や文章の終わりに注記を書くやり方を以下に示します。

和漢書（「ページ」は省略して，ページ番号だけを書いてもよい）

①著書（著者名『書名』発行所，出版年，該当ページ）。
　　本間長世『理念の共和国』中央公論社，1976年，99ページ。
　　富田信男・内田満・高橋祥起他『21世紀の政治デザイン』北樹出版，1995年，5ページ。
②編書（編者名『書名』発行所，出版年，該当ページ）。
　　福田茂夫他編『現代アメリカ合衆国』ミネルヴァ書房，1993年，8ページ。
③訳書
　　W・シュラム編（学習院大学社会学研究室訳）『マス・コミュニケーション──マス・メディアの総合的研究』創元新社，1968年〔再版〕，369ページ。
　　L・H・モーガン（古代社会研究会訳，上田篤監修）『アメリカ先住民のすまい』岩波書店，1990年，12〜16ページ。
　　ピエール・アコス，ピエール・レンシュニック（須加葉子訳）『現代史を

　　　　支配する病人たち』筑摩書房，1992年，92ページ。
④政府や団体の刊行物
　　　　防衛庁『日本の防衛』大蔵省印刷局，1996年，338～339ページ。
　　　　日本新聞協会研究所編『新・法と新聞』日本新聞協会，1992年，246ページ。
⑤論文や記事は「　」で，雑誌名，新聞名は『　』で囲み，発行年月日を書く。
　　　　遠山茂樹「ノーマン史学の評価の問題」『思想』No.634(1977年4月号)，27ページ。
　　　　内田満「現代政党の特質と課題」富田信男・内田満・高橋祥起他『21世紀の政治デザイン』北樹出版，1995年，64ページ。
　　　　村瀬哲司「独の構造改革，政治主導で」『日本経済新聞』1996年11月2日，28ページ。
⑥すでに引用した文献
　　直後の引用だと，
　　　　同書（あるいは，同上），98ページ。
　　前の引用より離れていると，
　　　　本間，前掲書，192ページ。
　　上記の①，②，③の用例は，次のように書いてもかまいません。
①本間長世『理念の共和国』(中央公論社，1976年)，99ページ。
②福田茂夫他(編)『現代アメリカ合衆国』ミネルヴァ書房，1993年，8ページ。
③L・H・モーガン『アメリカ先住民のすまい』(古代社会研究会訳，上田篤監修)岩波書店，1990年，12～16ページ。
　「編」とは，複数の著者の原稿を集めて整理し，一冊の書物にまとめること，あるいはまとめた人またはグループや機関（編者）を指します。辞典や事典の場合は，複数の人が編者になることが少なくありません。「編著」とは，編者でもあり著者の一人でもあるということです。著者や編者が多数の場合は，上記の富田信男・内田満・高橋祥起他（あるいは富田信男他）とか福田茂夫他編のようにします。また「監修」とは書物の内容や編集などを監督すること，また

は監督した人や機関を指します。

欧文文献 欧文文献の注記については，別途，所属大学や担当教員の指示がなければ，*A Manual for Writers of Term Papers, Theses, and Dissertations*（俗称 Turabian）や Modern Language Association of America の論文要項を定めた *MLA Handbook for Writers of Research Papers*（あるいはその日本語版であるJ・ジバルディ，W・S・アクタート編著（原田敬一訳編『MLA英語論文の手引』（第3版）北星堂書店，1990）を参考にしたらよいでしょう。上記 *Manual*（第6版，1996年発行）には，レポートの形式や各種文献の注記の仕方が詳しく説明されていますので，日本語レポートであっても欧文文献を使う際に大変参考になります。いずれの英文マニュアルも，基本的な部分はインターネットで入手できます。

Turabian については，

http://juno.concordia.ca/faqs/turabian.html

http://www.isr.bucknell.edu/Research_Tools/citation_guides/turabian.pdf

http://www.lib.usm.edu/~instruct/guides/turabian.html

http://www.ithaca.edu/library/course/turabian.html

MLA については，

http://owl.english.purdue.edu/handouts/research/r_mla.html

http://www.english.uiuc.edu/cws/wworkshop/MLA/bibliographymla.htm

が便利です。

以下，*Manual* にしたがって要点だけ説明します。なお，ページ番号を示す p. や pp.（＝pages）は省略してもかまいません。

①書籍（書名はイタリックにするか下線を引き，発行所の所在都市名を入れます）。

  Seymour Martin Lipset, *The First New Nation : The United States in Historical and Comparative Perspective* (Garden City, New York : Doubleday, 1967), p. 107.

  J. A. Smith and L. Jamison (eds.), *The Shaping of American*

Religion (Princeton, N. J. : Princeton University Press, 1961), pp. 94-95.

② 3人以上の著者がいる場合

Karl W. Deutsch, et al., *Political Community and the North Atlantic Area* (Princeton, N. J. : Princeton University Press, 1957), p. 14. ("et al." は "and others" と表記してもかまいません。)

③論文(論文名は " " でくくり, 号数および発行年月日を入れます)。

Barrington Moore, Jr., "The New Scholasticism," *World Politics*, 6(1953-54), pp. 122-138.

④再引用

同じ文献の直後だと,

ibid., p. 125

前の引用より離れている場合は, op. cit., loc. cit., または l. c. と書いて, そのあとにページ番号を記するのが慣例でしたが, 最近は分かりやすくするため次のように表記する傾向にあります。

Lipset, *The First Nation*, p. 97.

⑤公文書資料からの引用例(架空の資料です)

"Denmark and Germany : Treaty Concerning Movement of Refugees," 24 August 1985. *Treaties and International Agreements Registered or Filed or Reported with the Secretriat of the United Nations*, 250(1987), no. 1234.

U. S. Congress, Senate, Committee on Foreign Relations, *Aid to Vietnam : Hearings before the Committee of Foreign Relations*, 84th Cong., 1st sess., 9 January, 1975, 40.

Senate Committee on International Trade, "Unfair Trade Practices," file 60A-H52, RG 84, National Archives, Washington, D. C.

段落引用　改行して2字程度下げるか文字を小さくして引用する場合も, 上記のように, 末尾に番号をつけ, 注記に文献名をあげます。

例

　　ホッブズは，大学教育の役割について次のように考えた。

　　　聖職者および，それ以外の人びとで学識をみせつけようとするものは，かれらの知識を大学と法学校から，あるいは，それらの学校や大学における著名な人びとによって公刊された書物から，ひきだすのである。したがってあきらかに，人民の指導は，大学に於ける青年のただしい教育に，まったく依存する[9]。

　　⑼トーマス・ホッブズ（水田洋訳）『リヴァイアサン』（改訂版）岩波書店，1992年，269ページ。

挿入注　　次は，文中の引用箇所 [ ] に著者名・著書や論文の発行年・ページ番号を入れ，あとで文献名をあげる著者・年号システムの方法です。心理学，社会学，文化人類学，自然科学などでよく使われます。

　たとえば，注のところに [山田, 1993：101-2] あるいは [Schultz, 1977：21-35] とあれば，山田の著書または論文（1993年発行）の101～102ページ，Shultzの著書または論文（1977年発行）の21～35ページという意味です。

　同じ著者による同一発行年の文献を複数引用・参照するときは [山田, 1993a：23][山田, 1993b：95-6]，また同姓の著者の文献を引用・参照するときは [山田克][山田陽] のように区別します。

　同じ文献を再度引用あるいは参照するときは，[山田, 前掲書, 99] あるいは [ibid.：48]（直後の場合）あるいは [Schultz, 48] と書きます。同著者の文献が複数の場合は「山田『米国革命の経済史的考察』，76」と文献名を記入します。

段落引用　　改行して2字程度ひっこめるか文字を小さくして引用する場合も，[ ] 内に必要な事項を記入します。説明注記も，文中の [ ] に入れます。

例

　　ホッブズは，大学教育の役割について次のように考えた。

　　　聖職者および，それ以外の人びとで学識をみせつけようとするものは，かれらの知識を大学と法学校から，あるいは，それらの学校や大学における著名な人びとによって公刊された書物から，ひきだすのである。したがってあきらかに，人民の指導は，大学に於ける青年のただしい教育に，まったく依

存する［ホッブズ，1992：269］。
注記には，次のように書きます。

　　ホッブズ，トーマス　1992『リヴァイアサン』(水田洋訳)岩波書店。

ibid.　　ところで，書名や著者名の繰り返しを避けるために使われる ibid. は「同じ箇所に」を意味するラテン語 ibidem の省略形です。日本語の「同上」と同じです。以前はイタリック体で表記されていましたが，その後ローマン体で表わされるようになりました。最近は ibid. を使わずに，著者名を繰り返す傾向にあります。前の注記をいちいち参照しなくてもすむからです。同じ著者による複数の文献を繰り返し注記する場合は，著者の名字と文献名（またはその一部）をあげます。

　　同様に，「前掲書（あるいは論文）」を意味する op. cit.(＝opus citatum)や「上記引用文中（に）」を意味する loc. cit. または l. c.(＝loco citato)も，最近はほとんど使用されなくなりました。

電子メディア情報の引用注記　　CD-ROM，ディスケット，インターネットなどの電子メディアで得た情報の出典を表記するのは，基本的に印刷媒体の場合と同じです。ただし，情報源の種類（［CD-ROM］［ディスケット］［インターネット］)，出版社名または検索方法(URL)，出版年やアクセスの日時，資料番号などを明記して，できるだけ出典が特定できるようにします。

例

　　Frank Cassidy, review of *The Spirit in the Land : The Opening Statement of the Gitksan & Wet's Suwet'en Hereditary Chiefs in the Supreme Court of British Columbia, May 11, 1987*, by Gisday Wa and Delgam Uukw, *Canadian Ethnic Studies*, Vol. 25(January, 1993), 152 ; available from http://www2.elibrary.com/getdoc.cgi?id＝63442240xOy291&OIDS＝OQ002＝OQ002DO25&Form＝RL&pubname＝Canada＿Ethnic＿Studies&puburl＝0[Internet]; accessed 5 March 1997.

　　"Underground Railroad," *Britannica On-Line*, avaiable from http://blackhistory.eb.com/cgi-bin/switcher[Internet]; accessed 20 February 1997.

　　"Real Violence & TV," editorial, the Washington *Post*, 3 March 1997, The

Washington Post Ondisc[CD-ROM], UMI April 1997.

竹中均「民芸と民具のあいだ：有賀喜左衛門にとって柳宗悦は何だったのか」『年報人間科学』（大阪大学人間科学部社会学・人間学・人類学研究所）第18号（1997年4月刊行予定），ページ不明。インターネット・ホームページ http://risha3hus.osaka-u ac jp/takenaka/arugaall.html。1997年3月1日参照。

富田英典「メディア人間学　ヴァーチャルな恋人」『京都新聞』（1997年2月14日）。インターネット・ホームページ http://edi.isics.u-tokyo.ac.jp/~matsuda/tomita5.html。1997年2月28日参照。

電子メディア情報の引用注記については，以下のサイトを参考にしたらいいでしょう。

http://lamp.infosys.deakin.edu.au/index.php?page=cite
http://www.bedfordstmartins.com/online/citex.html
http://www.library.ualberta.ca/guides/citation/index.cfm

上記は番号注の例ですが，その場合の参考文献の記載，また挿入注とその場合の文献注の方法については，印刷媒体の例を参考にして下さい。

URLの発信者　ところで，インターネットに掲載されている情報を引用するには，具体的な発信者名（著作物の著者や編者に相当する）を書き記す必要がありますが，それはどのように確認したらよいでしょうか。たとえば難民問題について調べようとすると，http://www.mofa.go.jp/mofaj/gaiko/nanmin/index.html というサイトを見つけますが，このままでは情報の発信者ははっきりしません。そういう場合は，URLを後ろから削っていき，gaiko/のところまで来ると「分野別外交政策」，mofaj/まで削ると「外務省」，さらに jp/まで削ると "Ministry of Foreign Affairs, Japan" という発信者名があらわれます。基本的にはこの "Ministry of Foreign Affairs, Japan" または「外務省」が発信者ということになります。行政機関や団体などの場合，発信者はたとえば機関や団体そのものではなく，その部局かも知れないので，確認してください。同じように，「カナダのマルチ・カルチャー社会」というサイト http://www.canadajournal.com/monthly articles/ichimen/toppage.html を後ろからたど

っていくと,「カナダ・ジャーナル」http://www.canadajournal.com/ という発信者に到達します。

参考文献一覧

論文の最後には文献一覧を掲載します。著者の名字をアルファベット順またはあいうえお順にして,文献を並べます。和漢文献と欧文文献の両方をかかげる場合は,混ぜても別々にしてもかまいません。論文の掲載ページは書きますが,引用した箇所のページ番号を記す必要はありません。

番号注の文献 参考文献のあげ方には,次のふたつの方法があります。ひとつは,番号注に対する注記です。

亀井俊介編『アメリカの文化——その現代文明をつくった人たち』弘文堂,1992年。

コーンウェル,ジェームズ(児島三郎訳)『政治の言葉』中央書房,1987年。

遠山茂樹「ノーマン史学の評価の問題」『思想』No.63：4(1977), 26-36。

内田満「現代政党の特質と課題」富田信男・内田満・高橋祥起他『21世紀の政治デザイン』北樹出版,1995年,63-76。

山田克夫『インドネシアの宗教』野中出版,1993年。

——「インドネシアの結婚儀式」『民族研究』,第12巻,第4号(1993), 90-102。

山田陽太郎『捕鯨』海書房,1995年。

Axworthy, Tomas S. and Pierre Elliott Trudeau, eds. *Towards A Just Society : The Trudeau Years*. Toronto : Penguin Books, 1991.

Louis, Wm. Roger. *Imperialism at Bay 1941-1945 : The United States and the Decolonization of the British Empire*. Oxford : Oxford University Press, 1977.

Schultz, John. "Education and Social Class." *American Social Studies*, 121 : 11(1959), 40-75.

挿入注の文献 もうひとつは,挿入注に相応する方式です。この場合は,注記が文献一覧表にもなりますので,改めて文献表をあげる必要はありません。欧文文献の著者名は,名字を先にします。

亀井俊介（編）　1992『アメリカの文化――その現代文明をつくった人たち』弘文堂。

コーンウェル，ジェームズ，1987『政治の言葉』（児島三郎訳），中央書房。

遠山茂樹　1977「ノーマン史学の評価の問題」『思想』No. 63（4）：26-36。

内田満　1995「現代政党の特質と課題」富田信男・内田満・高橋祥起他『21世紀の政治デザイン』北樹出版，63-76。

山田克夫　1993 a『インドネシアの宗教』野中出版。

―――　1993 b「インドネシアの結婚儀式」『民族研究』，第 12 巻，第 4 号：90-102。

山田陽太郎　1995『捕鯨』海書房。

Axworthy, Thomas S. and Pierre Elliott Trudeau, eds. 1991. *Towards A Just Society : The Trudeau Years*. Toronto : Penguin Books.

Louis, Wm. Roger. 1977. *Imperialism at Bay 1941-1945 : The United States and the Decolonization of the British Empire*. Oxford : Oxford University Press.

Schultz, John. 1959. "Education and Social Class." *American Social Studies*, 121(11) : 40-75.

　上記のうち，90-102，40-75，26-36 というのは論文の掲載ページ，121(11) というのは第 121 巻第 11 号，No. 63(4)は第 63 巻第 4 号の意味です。

9章　その他の注意事項

　これまでの説明で，レポートや論文の書き方について大体理解できたと思います。この章では，レポートや論文を提出する前に読んで欲しいその他のことがらを，念のためにいくつか書き加えておきます。

　図表　　論文は，文字だけで構成するものではありません。図，写真，グラフ，統計表，年表，地図などは，ときとして文章以上に重要な役割をはたします。

　とくに，ものの形や位置，あるいはパターン（傾向）や統計数字，モデル（現象を単純化して示した模型または模型図）などを説明する場合は，記述を少なくして図表や写真によって図示した方が，はるかに理解しやすいことが少なくありません。コンピューターを使えば，さまざまな図表や模型図が比較的簡単に作成できます。

　図表は本文を補足するためのものですから，タイトル，説明文（キャプション），通し番号（「図2」「表5」）をつけ，本文中で次のように書いて，図表のあることを指摘します。

　　図2が示すように……
　　輸出は著しい伸びを示している（表5）。

　図表を他の文献から借用した場合は，あるいはそれを参考にして作成した場合は，出典（出所）を明記します。他の文献の資料にもとづいて新たな図表を作成した場合も，その旨説明します。

こうした図表は，本文の一部として扱う場合もあれば，付録または補遺（appendix）として本文の後にまとめておく場合もあります。

完全原稿　誤字や誤記のない原稿はほとんどありえません。しかし，できるだけそれに近づけるように努力すべきです。誤字（変換ミスをふくむ），不適切な表現，句読点の少ない長い文章，長すぎるパラグラフ，重複した表現や内容，文意のとりにくい文章，事実関係の間違いなどは，論文の理解を妨げ，ときには読む人に苦痛さえ与えるからです。授業の課題として1部しかつくらない原稿であっても，提出する前に読み返し，訂正すべきところは訂正するようにします。いくら内容がよくても，誤字や意味のとりにくい表現は印象を悪くし，減点の対象になります。レポートや論文はだれかに読んでもらうために書くのだということを，忘れないで下さい。

内容の点検　レポートや論文でもっとも重要なのは，もちろん内容です。とくに卒業論文や修士論文には独創性と論理性が求められますので，教員の指導を受けながら内容を十分点検するようにします。中間発表の場を設けている大学院では，その機会に他の教員や院生の意見・批判・助言を聞き，今後のリサーチの参考にするとよいでしょう。論文草稿を書きあげたら，指導教員はもちろん，友人などに読んでもらうと，自分では気づかなかった点について思わぬ指摘を受けることがあります。

ページ番号や図表の通し番号も確認して下さい。

インキュベーション　論文を最終的に仕上げる前に，先に述べたインキュベーション期間を設けた方がいいでしょう。論文作成の作業から一晩でも二晩でも離れてみると，内容や表現方法などについてそれまで気づかなかったことに気づく場合が少なくありません。一気に書きあげて，ほとんど読み返す間もなく翌日提出するのではなく，ちょっと距離をおいてながめてみるという「孵卵期間」あるいは「熟成期間」をおくことによって，論文の完成度は高まるはずです。

索引　一般的に，論文では索引は必要ありません。しかし，とくに論文を本にする場合，ワープロ・ソフトの索引機能がさらに発達すれば，索引をつけることを考えた方がよいかもしれません。欧米では，学術書には必ずといってよいほど，索引がついています。

分量と期日　レポートや論文には，提出期限とページ数が指示されます。分量が極端に少なかったり，締切り期限に遅れたりすると，減点の対象になります。とくに卒業論文や修士論文の場合，提出が締め切り時間に数分でも遅れると受領が拒否されたり，罰金が科されたりすることがあります。提出が遅れたために卒業が保留になる場合さえありますから，よほどの注意が必要です。分量は，できるだけ求められた枚数分を書くようにします。コンピューターでは「文字カウント」機能を使えば，ただちに分量が分かります。

提出　卒業論文や修士論文は指定のサイズの用紙（片面）に書いて（あるいはプリントして），必要な部数を複写し，ファイルに綴じて提出します。最近は，自分で簡易製本できるようになりました。製本する場合，背表紙にも論文名と自分の名前を書けば，本らしくなります。

なお，現在のところ，電子メール（添付）による論文提出を認めている大学・大学院はあまりなさそうです。しかし，綴じた論文とは別に，フロッピーや添付メールで提出させて，インターネットに掲載しているところはあります。提出の方法については，担当教員や教務課に事前に確認しておいた方がよいでしょう。

審査　卒業論文や修士論文は，多くの場合，担当教員または2人以上の教員によって審査されます。審査では，とくに研究の内容，方法，意義が重視されます。審査員は，利用した文献の質や範囲にも留意します。主として二次資料だけを使用した論文は，あまり高く評価されません。大学院の場合は，論文を提出するだけでなく，口頭で研究の内容，方法，意義などについて説明し，審査員の質問に答える，という例が多いようです。

審査の前に，とりわけ要約をよく読んで，要点を説明できるようにしておくことが肝心です。

保管　多くの大学図書館はスペースに余裕がなく，卒業論文はおろか，修士論文さえ保管できないため，教員が研究室に保管しているケースも珍しくありません。いずれは，論文をコンピューターに入力して大学図書館で保管し，それをどこからも検索できるようになるかもしれませんが，残念ながらこれが現状です。将来のために，あるいは記念用に，自分用のコピーをつくっておいた方がよいでしょう。

著作権　学術論文の著作権は，通常，筆者（または筆者グループ）に属します。通常というのは，研究を依頼した機関や組織に所属する場合も考えられるからです。

米国では書籍はもちろんのこと，修士論文やその他の学術論文にも著作権表示（Copyright, ©など）を付して自らの著作権を守る例が少なくありません。米国（パン・アメリカン条約に加盟する北米大陸諸国）と違って，ベルヌ条約に加盟するヨーロッパや日本ではあらゆる著作物は執筆の段階で著作権が生じたと考えられ，少なくとも国内では著作権が保護されるので，あえて©をつける必要はありません。米国などアメリカ諸国で引用あるいは翻訳される場合に備えて自らの著作権を守るためには，著作権表示をしておく必要があります。著作権局への登録は必要ありません。

コンピューターの場合，作者が著作者としての権利は保持しながら，無料公開するいわゆるフリー・ソフトウエア（あるいはパブリック・ドメイン・ソフトウエア）の考え方があります。しかし，インターネットに掲載されるレポートや論文にも著作権表示に関係なく，一般の著作物と同じように著作権はあります。

索　引

ア行

アイデア集め　50
「アイ」のない文章　13
アウトライン　50
当て字　87
後付け　56
阿部謹也　64, 76
アンダーライン（下線）119
イタリック　119
一次資料　35, 132
一般的読書　22
ibid.　139, 141
入江昭　63
インキュベーション　51, 146
因果関係　64
印刷（プリントアウト）109
因子分析　45
インターネット　31, 38, 141
インターネット学術情報インデックス　34
インデックス（索引）23, 25, 146
引用　18, 125, 126
引用の要件　126
引用符　126
Webcat Plus　32
江藤淳　28
MSN　31
MLA Handbook for Writers of Research Papers　11, 138
演繹法　71, 82
欧文文献　138
『大宅壮一文庫雑誌記事索引総目録』　25
送り仮名　90
op.cit.　139, 141
お役所の言い回し　95
『オルレアンのうわさ』　72

カ行

カーティス, ジェラルド　72, 83
カード　23, 41
外国語の固有名詞　91
外国語文献からの引用　128
外来語　88
科学的アプローチ　73
書き直し（rewrite）　50
学習レポート　19
学術（専門）用語　96
学術論文　12
箇条書き　51
仮説　64
下線（アンダーライン）119, 120
課題　19, 23
課題的読書　23
カタカナ言葉　88
かっこ　97, 117
加藤秀俊　29
川喜田二郎　14, 24, 50
簡潔な表現　78
観察　69, 70, 75
漢字　86, 90
関する　93
完全原稿　146
感想文　12
簡体字　87
キーワード　25, 41, 67
聞きとり調査　43, 69
『菊と刀』　72
記号　97
起承転結　54
帰納法　71
基本文献　23
脚注（footnotes）　122
客観的　13, 69, 76
教育漢字　86
goo　31
google　31
クォーテーション・マーク　120
句点　113
句読点　112
クリティカル・リーディング　19
敬語　80
KJ法　14, 24, 50
ケーススタディ（事例研究）　45
結論　57, 71
研究の意義　70
研究の趣旨　68
研究の制約　70
研究の方法　69
研究レポート　12, 20
原稿用紙　103
原語表記　90
検索エンジン　31
原資料　44
現地（野外）調査　30, 42
顕微鏡的アプローチ　73
原文の引用　80
校正　109
『行動科学事典』　74
後注（endnotes）　122
公有物（public domain）　129
『国語辞典にみる女性差別』　95
国立国語研究所　89
『国立国会図書館所蔵逐次刊行物目録』　25
国立情報学研究所　32
国立情報研究所情報サービス　33
こと　93
コミュニケーション　14
固有名詞　90
誤用（言葉の）　98
コンピューター　23, 35

サ行

作業仮説　64
索引（インデックス）23, 25, 146

作文　11
『雑誌記事索引』　25
『雑誌記事索引データベース』　33
差別的表現　95
参加（参与）観察　42
参考図書（レファレンス・ブックス）　24
参考文献一覧　143
CD-ROM　25
時間配分　49
指示語　94
事前調査　25
質問紙調査　44
辞典　86
締切り　147
『社会調査』　42
ジャーナリスティック　83
謝辞　67
修辞法（レトリック）　15
修飾語　79, 94
修士論文　11, 61
自由連想（ブレーンストーミング）　24, 50
主観的表現　80
熟読　23
取材　30
主体の変化　71
出所（出典）　127
受動態　80
常套語　95
情報収集　29
常用漢字　86
小論文　13
書誌情報　22, 41, 139
初出の固有名詞　92
ショッピング・リスト　50
序破急　54
書評　19
序文　56, 57, 68
署名欄　67
資料　31, 131
史料　70
資料収集　29
事例研究（ケーススタディ）　45
人格権　126
審査　147
随筆　12
推量　94
推論　82
数字　97, 111
図示　50
ステレオタイプ　95
図表　145
説明注　122
先行研究　68
専門（学術）用語　96
草稿　49, 146
挿入注　125, 140
俗語　94
『ソシオロゴス』　121
卒論提案書（卒論テーマ）　61
卒論テーマ（卒論提案書）　61
卒業論文　11, 61

タ行

『代議士の誕生』　73, 83
対する　93
蛇足的表現　84
ダッシュ　119
縦書き　111
タルスキー，アルフレッド　64
短縮語　94
段落（パラグラフ）　51
段落引用　139
談話分析　37
注　122
注記　122, 135
調査レポート　19
直接引用　132
著作権　35, 46, 124, 129, 148
提出　62, 103
定性的調査　44
定量（統計）的リサーチ　44
テーマ　21
テーマの条件　28
テーマ設定　28

テキスト　36
テキスト分析　36
転載　128
電子メディア情報　128
電子メディア情報の引用注記　141
同一性保持　127
統計　97
統計（定量）的リサーチ　44
読点　115
盗作（剽窃）　46
ドキュメントを用いた調査　42
読者　15
読書　22
読書感想文　19
読書レポート　16
独断的表現　80
図書館　30, 38
図書館相互貸し出し制度　38
図書資料　38
図書分類法　30
トピック・センテンス　52

ナ行

内容分析　37, 49
なかぐろ（なかてん）　116
NACSIS Webcat　32
二次資料　35, 133
New York Times Index　25
人間科学研究法ハンドブック　3
年号　90
ノート　22

ハ行

背景説明　53
はじめに（序文）　57
パソコン　107
ハヤカワ，S・I　63
パラグラフ（段落）　51
パラグラフ（段落）引用　139

パラフレーズ（要約）
  18
半角　107
番号注　123
番号注の注記　136
批判・中傷　96
百科事典　25
表現　78
表現技巧　15
剽窃（盗作）　46
表題（ページ）　57,66,
  103
評論文　12
拾い読み　23
5W1H　50
フィールドノート　36
フクヤマ，フランシス
  63
符号　116
ブックレポート　16
The Practical Stylist
  53
フラフ（HRAF）　30
プリントアウト（印刷）
  109
ブレーンストーミング（自
  由連想）　24,50
付録　56,65
文学的な表現　15
文献一覧　143
文献注　122
文献目録　25
文語体　93
文章構成の例　58
文章の基本要素　51
文体　78
ペーパー　11
ベネディクト，ルース
  72

ペレルソン　74
変換ミス　108
偏見　81
補足資料　56
本文　56,57
本論（論述）　57

マ行

マージン　108
マイクロフイルム　38
まえがき　67
前付け　56,65
孫引き　134
間違いやすい言葉　98
まとめ（結論）　57
A Manual for Writers
  of Term Papers,
  Theses, and
  Dissertations　11,
  123,138
ママ　120
見出し符号　116
脈絡　82
ミル，J・S　62
無断転載　126
命題　62
メソドロジー　36
目次　67
モデル　64
モラン，エドガール
  72,75
問題意識　21
問題設定　62
問題提起　53,71

ヤ行

野外（現地）調査　30,
  42
Yahoo!　31

用語　85
要約（アブストラクト）
  39,65,66
要約（パラフレーズ）
  18
横書き　111

ラ行

Readers' Guide to
  Periodical Literature
  25
リサーチ　20,30,36
リプセット，シーモア・マ
  ーティン　62
略字　94
流行語　94
臨床的観察　75
リサーチの倫理　46
ルポルタージュ　76
レイアウト　108
レトリック（修辞法）
  15
レファレンス・ブックス
  （参考図書）　24
レポート　11
レポートの構成　54
loc. cit. (l. c.)　139,
  141
論証（論述）　57
論文の構成　65
論理性　81

ワ行

ワープロ　107
わが国　93
和製英語　94
和辻哲郎　96
割注　122
われわれ　93

[著者略歴]

吉田　健正（よしだ　けんせい）

1941年生まれ。
ミズーリ大学および同大学院卒業
（ジャーナリズム・国際関係論専攻）
元桜美林大学国際学部教授
専門はカナダ地域研究，米国地域研究，沖縄研究。

主　著（共著を含む）
『国連平和維持活動——ミドルパワー・カナダの国際貢献』（彩流社）
『カナダの地域と民族——歴史的アプローチ』（同文館）
『沖縄戦　米兵は何を見たか——50年後の証言』（彩流社）
『カナダを知る』（篠崎書林）
『カナダ——20世紀の歩み』（彩流社）
Democracy Betrayed : Okinawa under U. S. Occupation（裏切られた民主主義——米国占領下の沖縄）(Center for East Asian Studies, Western Washington University)
『文章作法入門』（共著，ナカニシヤ出版）他

主訳書
『カナダの政治と憲法』（三省堂）
『カナダ政治入門』（御茶の水書房）
『カナダの外交』（御茶の水書房）
『体験的対米交渉の教訓——ワシントン村　大使は走る』（彩流社）他

大学生と大学院生のための
レポート・論文の書き方 [第2版]

1997年 5 月10日　初　版第 1 刷発行
2004年 4 月10日　第 2 版第 1 刷発行
2014年 4 月30日　第 2 版第11刷発行

定価はカヴァーに表示してあります

著　者　吉田健正
発行者　中西健夫
発行所　株式会社ナカニシヤ出版
606-8161 京都市左京区一乗寺木ノ本町15番地
Telephone 075-723-0111
Facsimile 075-723-0095
郵便振替　01030-0-13128
URL　http://www.nakanishiya.co.jp/
e-mail　iihon-ippai@nakanishiya.co.jp

装幀／白沢　正・印刷／創栄図書印刷・製本／藤澤製本
Copyright © 1997 and 2004 by K. Yoshida
Printed in Japan
ISBN 978-4-88848-868-6 C0030

◎本書のコピー，スキャン，デジタル化等の無断複製は著作権法上での例外を除き禁じられています。本書を代行業者等の第三者に依頼してスキャンやデジタル化することは，たとえ個人や家庭内での利用であっても著作権法上認められておりません。